国家级课程思政示范课程《教育学》建设项目
国家级一流本科专业建设点（小学教育）建设项目
教育部首批新文科研究与改革实践项目
四川省课程思政标杆院系建设项目
四川省课程思政示范专业建设项目

向阳而生：教育学中的教育故事

主　编　王正惠　陈　寒
副主编　蔡文君　胡洪羽　雷　洋
　　　　肖　俏　彭柯君

中国轻工业出版社

图书在版编目（CIP）数据

向阳而生：教育学中的教育故事 / 王正惠，陈寒主编．—北京：中国轻工业出版社，2024.9

ISBN 978-7-5184-4834-0

Ⅰ.①向…　Ⅱ.①王…　②陈…　Ⅲ.①高等学校—思想政治教育—教学研究—中国　Ⅳ.①G641

中国国家版本馆 CIP 数据核字（2024）第 112131 号

责任编辑：李金慧
策划编辑：张文佳　　责任终审：高惠京　　封面设计：锋尚设计
版式设计：砚祥志远　　责任校对：朱　慧　朱燕春　　责任监印：张　可

出版发行：中国轻工业出版社（北京鲁谷东街 5 号，邮编：100040）
印　　刷：三河市国英印务有限公司
经　　销：各地新华书店
版　　次：2024 年 9 月第 1 版第 1 次印刷
开　　本：710×1000　1/16　印张：13
字　　数：240 千字
书　　号：ISBN 978-7-5184-4834-0　定价：45.00 元
邮购电话：010-85119873
发行电话：010-85119832　010-85119912
网　　址：http://www.chlip.com.cn
Email：club@chlip.com.cn

230690Y1X101HBW

前　言

人才培养是育人和育才相统一的过程。2020 年 5 月，教育部颁布的《高等学校课程思政建设指导纲要》强调指出，培养什么人、怎样培养人、为谁培养人是教育的根本问题，立德树人成效是检验高校一切工作的根本标准。落实立德树人根本任务，必须将价值塑造、知识传授和能力培养三者融为一体、不可割裂。全面推进课程思政建设，就是要寓价值观引导于知识传授和能力培养之中，帮助学生塑造正确的人生观、世界观、价值观，这是人才培养的应有之义，更是必备内容。这一战略举措，影响甚至决定着接班人问题，影响甚至决定着国家长治久安，影响甚至决定着民族复兴和国家崛起。要紧紧抓住教师队伍“主力军”、课程建设“主战场”、课堂教学“主渠道”，让所有高校、所有教师、所有课程都承担好育人责任，守好一段渠、种好责任田，使各类课程与思政课程同向同行，将显性教育和隐性教育相统一，形成协同效应，构建全员全程全方位育人大格局。

师范院校是培养人民教师的摇篮，而《教育学》是师范专业的必修课程，是形塑教师职业理想与职业道德、建构教育知识与教育理念的先导课程和基础课程。为进一步丰富课程内容，优化教学案例，帮助广大教师进一步落实课程思政，更好地实现立德树人根本任务，我们组织编写了这本《向阳而生：教育学中的教育故事》。

浇花浇根，育人育心。坚持以文化人、以德育人，讲好教育故事，传递正确的价值观和道德观。本书以习近平总书记教育重要论述为指导，围绕学界泰斗、万世师表以及燃灯校长等典型人物故事，联系 21 世纪以来我国教育取得的显著成就，结合师生思想实际，对教育学中的教育人物、教育政策、教育成就、教育影视以及典型师德五个方面进行了通俗简洁的讲述。

本书由王正惠、陈寒主持编写，主要编写及审阅成员有蔡文君、胡洪羽、雷洋、肖俏、彭柯君、雷箫悦、刘珍珍、唐艺、黄韧。本书在编写过程中，参阅了大量书籍和文献资料，吸收了多方面的研究成果，在此衷心感谢这些文献的作者。

本书在出版过程中，得到了王涛、王海榕、孙晓冬等同志的大力支持，获得了相关项目的资助。同时，要特别感谢中国轻工业出版社的鼎力相助，使得出版工作得以顺利进行。在此，一并致谢！

本书力求行文简练，语言晓畅，寓意深远，可作为高校教师、中小学（幼儿园）教师、青年学生开展教育教学和学习交流的重要辅助读物。

由于编写时间仓促，笔者水平有限，书中疏漏和不足在所难免，敬请广大读者批评指正。

编者

目　录

名家篇

万世师表

——孔子

“二三子以我为隐乎？吾无隐乎尔。吾无行而不与二三子者，是丘也。”

——《论语·述而》

孔子（公元前551—公元前479年），出生于鲁国昌平乡陬邑（今山东曲阜），因降生时头顶呈中间低而四旁高的形状，故起名丘，字仲尼，是我国古代著名的思想家、教育家和政治家，儒家学说的创始人。孔子提出的“仁义”“礼乐”“德治教化”等儒学思想，对中国乃至世界都产生了深远影响，从东周时期的鲁哀公封孔子为“尼父”，至清朝顺治帝封其为“至圣先师”，大概有15位帝王给了孔子共计16个尊号，无一不肯定了孔子在教育、文化、政治等方面的卓越贡献。

孔子主张“有教无类”，开创并实施了平民教育。公元前522年前后，孔子开始创办私学，“有教无类”地收徒讲学，他的学生中，既有孟懿子、南宫敬叔等贵族子弟，也有穷居卫国的曾参、箪食瓢饮的颜回等平民及地位更低的学子，学生入学前的职业更是多样，包括商人、马贩、强盗等。是以，南郭惠子曾问子贡：“夫子之门，何其杂也？”子贡说：“君子正身以俟，欲来者不拒，欲去者不止。且夫良医之门多病人，檃栝之侧多枉木。是以杂也。”① 正是孔子不分贵贱、不分地域地“杂”收学生，扩大了教育对象范围，打破了夏商周以

① 张晚林．荀子［M］．长沙：岳麓书社，2022：513-514.

来只有贵族子弟接受教育、“学在官府”的垄断局面，为平民子弟接受教育提供了必要条件。孔子从开办私学直至他73岁病故，连续从教四十余年，先后培养了3000多名学生，其中身通六艺的贤者达72人。他在长期的教育实践中，创造并总结了许多堪称“第一”的教育教学原则与方法，形成了比较完整的教育思想体系。首先，就教育作用而言，孔子从“庶富教”，即劳动力、人民物质生活、教育三者的关系入手，论述了教育对社会发展的重要作用，他成为中国历史上最先论述教育与经济发展关系的教育家；他从先天素质与后天习染关系的角度，提出“性相近也，习相远也”① 的观点，肯定了教育在个人发展中的关键作用，成为中国教育史上首次论述教育与人性问题的教育家。其次，教育目标方面，孔子把培养德才兼备的从政君子作为最终目标，而要实现这个目标，其路径就是“学而优则仕”②，这一思想不仅体现出了用人唯贤的原则，强调了教育、知识和人才的重要性，适应了春秋时期社会发展的需要，更对后世选士制度奠定了思想基础。再次，教育内容的选择上，孔子以“文、行、忠、信”四科为基础，四科中尤以德行和文化知识为重点，又因德行要通过文化知识的学习来灌输，故孔子强调对《诗》《书》《礼》《易》《乐》《春秋》“六经”内容的学习，并认为君子之修养当“兴于《诗》，立于礼，成于乐”。继次，教学方法上，孔子主张“不愤不启，不悱不发”，是世界上最早提出启发式教学的教育家，他首倡“因材施教”，倡导要根据学生个性特点和差异采取不同的教学方法；他强调“学而不思则罔，思而不学则殆”，提出学习要与思考相结合，要“知行合一”。最后，孔子对“为师者”提出了要求，他认为，当一名合格的教师，不但要有“学而不厌”的学习精神、“温故知新”的学习能力，还须以教为乐、爱护学生，能“诲人不倦”，可“不令而行”。

孔子编修整理了上古文献，集先圣之大成，为中国传统文化的传承和发展奠定了文献基础。公元前505年，鲁国正卿季孙意如卒，家臣阳虎囚其幼子季孙斯，代替季孙斯执政鲁国，并欲请孔子出仕，孔子不愿，退而修《诗》《书》《礼》《乐》以教弟子，公元前483年，孔子从3000多篇古诗中选择了三百零五篇，分为《风》《小雅》《大雅》《颂》，即组成了《诗经》；他对这三百零五篇诗都配乐歌唱，以求配合上古乐舞《韶》《武》《雅》《颂》的音调，然后《乐》正；他追溯夏商周三代之礼仪，编定了《书传》，补修了《礼记》；晚年

---

① 张燕婴．论语·阳货［M］．北京：中华书局，2007：263.
② 张燕婴．论语·子张［M］．北京：中华书局，2007：295.

的孔子喜《易经》，对其勤奋研究，竟多次翻断了编穿竹简的绳子，并为《彖》《系》《象》《说卦》《文言》作序；公元前481年，孔子根据鲁国史官的记载资料为主体编写了《春秋》。至此，孔子完成了对《六经》的编修，也保存了夏商周三代文献，为后世研究这段历史提供了宝贵的资料。因此，明代张楷绘《孔子圣迹图》赞曰："辙环天下，道不可行。曰归乎来，修我典刑。三千从游，七十高弟。删述六经，垂宪万世"①。

孔子建立了以"仁""礼"为核心价值观的儒家思想体系，为中华民族生生不息、发展壮大提供了重要滋养。孔子主张"为政以德"的政治思想，简单说来，就是提倡"德治"，德治的重要基础即"仁"和"礼"。"孔子将'仁'这个人伦道德秩序纳入'礼'这个宗法等级社会秩序，是把社会秩序道德化的过程。孔子的贡献在于把'仁'的精神导入礼制，这样不仅使他维护的'礼'具有了威信的倾向，而且使政治秩序道德化，从而奠定了德治主义的理论基础。'仁'和'礼'是孔子德治学说不可或缺的两个理论支点"。"仁"字在论语中出现了109次，但意义都不一样，换句话说，孔子的"仁"内涵极其丰富，大致包含三层含义：其一，仁者爱人，是不分族类、不分等级的博爱，但这种博爱并不是表示毫无原则地爱一切人，正所谓"唯仁者能好人，能恶人"，爱仁人、恶不仁均谓之仁；其二，仁是万善之源，孔子勉励人们应立志行仁，就可以产生善的德行，即"苟志于仁矣，无恶也"；其三，"仁"要以"礼"作为行为规范，"礼"的功能之一就是节制，人们只要能克制自己，约束自己的行为，一切都按照礼的要求去做，这就是"仁"针对"礼"的不同内涵，孔子又提出了"为仁"之法，包括"立志""克己""力行""中庸""内省""改过"六个方面的内容。

孔子作为儒家学派的创始人，在他之后，儒家学派又经历了分化、发展、融合、改造和再改造，已非原本的形态，但他的学说不仅深刻影响着中国封建时代的政治、经济、文化，也仍然影响着今天的中国大地、东南亚、日本等周边国家，乃至西方。截至2023年，中国已在全球162个国家建立了550所孔子学院和1172个中小学孔子课堂，孔子关于"仁"实行的"己所不欲，勿施于人"之观点，被写入1993年美国芝加哥召开的全世界宗教会议后发表的《全球伦理宣言》，被认为是适用于任何人群的绝对法则。正如司马迁对孔子的评价"高山仰止，景行行止。虽不能至，然心向往之……天下君王至于贤人聚矣，当

---

① ［明］孔令园．韦静整理．孔子圣迹图·删述六经［M］．呼和浩特：远方出版社，2003：37.

时则荣，没则已焉。孔子布衣，传十余世，学者宗之。自天子王侯，中国言《六艺》者折中於夫子，可谓至圣矣！”①

案例分析

孔子出生于公元前551年，其父叔梁纥在其3岁时便去世了，其母颜徵携孔子移居鲁国首都曲阜阙里定居，独自抚养，故孔子说自己“吾少也贱，故多能鄙事”②。孔子在十五岁时，便已意识到要努力学习，所谓“吾十有五而志于学”③，他的身上洋溢着好学精神。《史记》记载了一段孔子学琴的片段，说：“孔子跟着师襄子学琴，十天不再学习新曲目，只是练习学习过的。师襄子说：‘可以增加新的内容了。’孔子说：‘我已经学会了那些曲子，但还没有掌握那些弹奏曲子的技法。’过了一段时间，师襄子说：‘你已经掌握弹奏的技法了，可以学习新的曲子了。’孔子说：‘我还没有领悟到曲子里的情志。’又过了一段时间，师襄子说：‘已经了解曲子的情志，可以学习新曲子了。’孔子说：‘我还没有领会到作者的为人。’又过了一段时间，有一天，孔子穆然深思，继而欣喜地说：‘我知道作者的为人了：黑黑的皮肤，高高的个子，眼睛好像汪洋大海，胸襟好像要包容天下，统治四方诸侯，不是周文王，谁能是这样呢！’师襄子离开座席，拜了又拜，对孔子说：‘我的老师说过，这首琴曲就是《文王操》’”④。孔子青年时曾在鲁国季氏门下担任过管理仓库、畜牧的小吏；大约三十岁便正式开始招收学生，创办平民教育；四十岁时形成了自己的学说，创立了儒家学派，在鲁国产生政治影响；五十岁时被鲁定公任命为中都宰，治理中都一年，颇有政绩，再被提拔为管理建筑工程的司空、管理司法事务的司寇，后因对鲁定公季桓子失望而离开鲁国，开始了十四年周游列国的颠沛生活；六十八岁时，孔子归鲁；六十九岁开始专心整理先秦文献，删定“六经”，是年，孔子的独子孔鲤去世；七十一岁，孔子最喜爱的弟子颜回去世；七十二岁，学生子路在魏国被害；七十三岁，孔子因病去世。他去世后，许多弟子都主动为

---

① ［汉］司马迁撰，［南宋］裴骃集解，［唐］司马贞索隐，［唐］张守节正义．史记：卷四十七·孔子世家第十七［M］．北京：中华书局，1959：1947.

② 张燕婴．论语·子罕［M］．北京：中华书局，2007：119.

③ 张燕婴．论语·为政［M］．北京：中华书局，2007：13.

④ ［汉］司马迁撰，［南宋］裴骃集解，［唐］司马贞索隐，［唐］张守节正义．史记：卷四十七·孔子世家第十七［M］．北京：中华书局，1959：1925.

其守丧3年，子贡为其守丧6年。孔子一生历经沧桑，但始终坚持对清平政治的追求，对传统美德的坚守，他用“仁者爱人”的胸怀，言必信行必果的处事原则，教育和影响了一大批学生和世人，为师者典范，万世师表！

参考文献

[1]（汉）司马迁．史记：卷四十七·卷七十四［M］．北京：中华书局，1959：1905-1949，2343-2351．
[2]（汉）刘向．（唐）杨倞注．荀子·二十卷［M］．南宋淳熙八年钱佃江西漕司刊本，海源阁旧藏．
[3]（汉）班固．（唐）颜师古注．汉书·卷三十［M］．北京：中华书局，1962：1701-1784．
[4] 杨伯峻．论语译注［M］．北京：中华书局，1980．
[5]（明）张楷绘．张立华点校．孔子圣迹图［M］．合肥：安徽人民出版社，2013：291．
[6]（清）刘宝楠．论语正义（下）［M］．北京：中华书局，1990：499-605．
[7] 王国轩，王秀梅．孔子家语［M］．北京：中华书局，2012．
[8] 王钧林，周海生．孔丛子［M］．北京：中华书局，2009．
[9] 刘丹忱．孔子的德治思想——兼与柏拉图政治思想比较研究［M］．中国政法大学出版社，2018：54-55．

儒家亚圣

——孟子

尽信《书》，则不如无《书》。

——《孟子·尽心下》

孟子（约公元前372—公元前289年），名轲，字子舆，邹国人（今山东邹城东南）人，战国中期著名的哲学家、思想家、教育家。孟子一生崇拜孔子，称“乃所愿，则学孔子也”①，《史记》载他为孔子之孙子思门人②。他继承了孔子的学说并有所突破，在哲学、政治、教育、伦理等方面都开创出了崭新的局面，是儒家学派的重要代表人物之一，与孔子并称“孔孟”，对后世产生了巨大影响。唐代韩愈将孟子列为先秦儒家中唯一继承孔子“道统”的人，被元文宗（公元1330年）加封为“邹国亚圣公”③，明世宗嘉靖九年（公元1530年）又将“邹国亚圣公”改为“亚圣”。

孟子主张“仁政”，这成为汉代之后中国封建王朝的思想武器和治国之道，与孔子思想一道影响了此后两千多年的中国社会。孟子的“仁政”学说，是在孔子的“德治”主张基础上发展而来的，主要包含经济与政治两个方面的内容。在经济上，孟子主张“制民恒产”和“薄税敛”，他说：“有恒产者有恒

---

① 万丽华，蓝旭．孟子·公孙丑［M］．北京：中华书局，2007：58.

② ［汉］司马迁撰，［南宋］裴骃集解，［唐］司马贞索隐，［唐］张守节正义．史记：卷七十四·孟子荀卿列传第十四［M］．北京：中华书局，1959：2343.

③ ［明］宋濂．元史：卷三十四·本纪第三十四·文宗三［M］．北京：中华书局，1976：763.

心，无恒产者无恒心”[1]，贤君就一定要让百姓有固定田产，“仰足以事父母，俯足以畜妻子，乐岁终身饱，凶年免于死亡”[2]，只有老百姓上可赡养父母，下可抚养妻儿，好年丰衣足食，坏年不致饿死，才会“驱而之善”，顺从且安于本分。如何落实“制民恒产”，孟子提出了推行井田制的具体方案，即正确地划分田界、分配井田、制定税收标准、务农时、“薄税敛”，以达到富民的效果。民富，就有了仁德的基础。从政治上，孟子主张实行“王道”，反对当时的“霸道”。他认为“以力假仁者霸”“以德行仁者王”[3]，君王凭借武力使人服从，人们不会心悦诚服，只有施行仁政，靠仁德才能让人信服，百姓才会真心归附跟随。所以，君王当“民为贵，社稷次之，君为轻”[4]，只有“得其民，斯得天下矣”“得其心，斯得民矣”[5]，只要“保民而王”，便可“莫之能御也”。因此，在孟子看来，施行仁政并不难，统治者只需用人人皆具有的“不忍人之心”行“不忍人之政”，即能“治天下可运之掌上”[6]。

孟子提出“性善论”，第一次从理论高度对人自身的本质加以认识和阐述，成为中国传统人性论的主流。孟子认为“水信无分于东西，无分于上下乎？人性之善也，犹如之就下也。人无有不善，水无有不下也。”[7] 善是人的本质属性，生而有之，是与生俱来的，就像水没有不向低处流动一样。人类生来就具有的这种善，主要包括“恻隐之心、羞恶之心、恭敬之心、是非之心”，这“四心”分别与人类社会道德属性相联系，犹如人之四体一样，是“仁义礼智”的发端。具体说来，就是“恻隐之心，仁之端也；羞恶之心，义之端也；辞让之心，礼之端也；是非之心，智之端也。”[8]但是，人类与生俱来的四善端，仅仅是一种道德萌芽，需要通过后天学习、教育等修养后，才能将其转化为现实的道德观念和品质。针对修养的方法，孟子提出要在“寡欲”“内省”“养气”上下功夫，“寡欲”要求淡泊名利，“内省”要求反求诸己，“养气”要求养心。“寡欲”“内省”为修养的初级阶段，而“养气”属于高级阶段，目标是养出“浩然之气”，这亦是孟子塑造理想人格的最高境界。

---

① 万丽华，蓝旭．孟子·滕文公［M］．北京：中华书局，2007：104.
② 万丽华，蓝旭．孟子·梁惠王［M］．北京：中华书局，2007：15-16.
③ 万丽华，蓝旭．孟子·公孙丑［M］．北京：中华书局，2007：65.
④ 万丽华，蓝旭．孟子·尽心［M］．北京：中华书局，2007：324.
⑤ 万丽华，蓝旭．孟子·离娄［M］．北京：中华书局，2007：154.
⑥ 万丽华，蓝旭．孟子·公孙丑［M］．北京：中华书局，2007：68.
⑦ 万丽华，蓝旭．孟子·告子［M］．北京：中华书局，2007：240.
⑧ 万丽华，蓝旭．孟子·公孙丑［M］．北京：中华书局，2007：68.

孟子提出“明人伦”的教育目的，就此确立了中国古代教育以伦理教育为中心的教育性质。孟子是中国历史上第一个明确概括出“明人伦”为古代学校教育目的的教育家，他说：“庠者，养也；校者，教也；序者，射也。夏曰校，殷曰序，周曰庠，学则三代共之，皆所以明人伦也。人伦明于上，小民亲于下。”[①] 孟子看来，人伦就是“父子有亲，君臣有义，夫妇有别，长幼有序，朋友有信”[②] 五对关系，也被后世称为“五伦”，体现出了中国古代社会的宗法关系。在“五伦”中，孟子尤重父子和兄弟关系，他之所以重视父子之孝和兄弟之悌，原因在于他希望通过父子和兄弟等血缘宗法关系去影响和制约君民等社会政治关系，以此不断实现社会改良，达到长治久安的目的。因此，孟子以孝悌两种关系为中心，建立了仁、义、礼、智、信“五常”道德规范体系，他认为君主如果以孝治国，能够“老吾老以及人之老，幼吾幼以及人之幼”，那么“天下可运于掌”[③]，只要“人人亲其亲、长其长而天下太平”[④]。可以看出，孟子理想中的政治是从教育入手的，教育的作用在于扩充人的先天善端，使其“明人伦”进而参与国家的治理，所谓“凡四端于我者，知皆而扩充之矣。若火之始燃，泉之始达。苟能充之，足以保四海；苟不充之，不足以事父母”[⑤]。值得提出的是，孟子将扩充人先天善端的思想贯穿到了教育教学中，形成了他“深造自得”“盈科而进”“专心致志”“教亦多术”的教学思想。

孟子是继孔子之后，儒家学派对后世影响较大的代表人物之一，他宣扬“仁政”，提出“民贵君轻”主张，发展“民本”思想，被西方人认为是中国民主思想的发端；他提出“性善论”，开创了中国教育史上强调个体理性自觉的“内铄论”；他对“大丈夫”人格理想的阐释，对塑造中华民族的精神性格起到了不可估量的作用。孟子的学说，既是对孔子思想的承继，又具有许多创新和突破，作为“孟氏之儒”的创立者，他的学说与孔子学说结合在一起，被称为“孔孟之道”，二者的思想成果形成了中国儒学思想的发展基础，成为中华民族传统文化的主干。

---

① 万丽华，蓝旭．孟子·滕文公［M］．北京：中华书局，2007：105.
② 万丽华，蓝旭．孟子·滕文公［M］．北京：中华书局，2007：111.
③ 万丽华，蓝旭．孟子·梁惠王［M］．北京：中华书局，2007：14.
④ 万丽华，蓝旭．孟子·离娄［M］．北京：中华书局，2007：156.
⑤ 万丽华，蓝旭．孟子·公孙丑［M］．北京：中华书局，2007：69.

案例分析

孟子生活于战国中晚期，出生于当时的邹国，距离孔子出生已有一百多年，但他一生推崇孔子，并积极向孔子学习，其经历与孔子相似。孟子三岁之时，其父丧，他与母亲相依为命，“孟母三迁”“孟母断机”的故事，就是孟子成长过程的写照；按《史记·孟子荀卿列传》载，大约十五岁时，孟子曾受业于孔子之孙子思之门人；大约三十岁时，他开始聚徒讲学；约四十岁时，他开始率弟子周游列国，游历于齐国期间，见齐宣王做事没有恒心，常被奸佞利用，用比喻的方式劝谏说：“王不明智是不值得奇怪的。即使天下极易生长的植物，在晒一天、冻十天后，都没有能生长得了的。我见大王的次数很少，尤其是我退居家里把王冷淡到极点时，那些阿谀奉承的小人就会趁机到王的身边怂恿他，我如何才能帮助他并使之善心萌发呢？这就好似下棋，虽然是很小的技艺，但若不全心全意就学不好。比如，让下棋高手弈秋同时教两个人下棋，一个人跟着弈秋一心一意地学习，另一个虽然也在听弈秋讲解，但一心想着也许有大雁飞来，想去拿弓箭射它。虽然这两个人一起学习，但想射大雁之人的成绩肯定不如一心一意学习的那个人。这是因为他们的聪明才智不一样吗？当然不是，这是学习是否专心致志的结果啊。”① 后世将孟子所说晒一天、冻十天，即“一日暴之，十日寒之”精简成“一曝十寒”，用来比喻修学、做事无恒心。孟子在游历二十余年后回到邹国，开始“退而与万章之徒序《诗》《书》，述仲尼之意，作《孟子》七篇”②；大约八十四岁，孟子去世。

参考文献

[1]（汉）司马迁．史记·卷四十七．卷七十四［M］．北京：中华书局，1959：1905-1949，2343-2351.

[2]（汉）刘向．（唐）杨倞注．荀子·二十卷［M］．南宋淳熙八年钱佃江西漕司刊本，海源阁旧藏．

---

① 万丽华，蓝旭，译注．孟子·告子［M］．北京：中华书局，2007：251.

② ［汉］司马迁撰，［南宋］裴骃集解，［唐］司马贞索隐，［唐］张守节正义．史记：卷七十四·孟子荀卿列传第十四［M］．北京：中华书局，1959：2343.

[3] 杨伯峻．孟子译注［M］. 北京：中华书局，2016.
[4] (明) 宋濂等撰．元史·卷三十四·本纪第三十四［M］. 北京：中华书局，1976.
[5] (清) 张廷玉，等．明史·卷五十·志第二十六［M］. 北京：中华书局，1974.
[6] 董红利．孟子研究［M］. 南京：江苏古籍出版社，1997.
[7] 万光军．孟子仁义思想研究［M］. 济南：山东大学出版社，2009.

“综罗百代”的杰出师表
——朱熹

学之之博，未若知之之要，知之之要，未若行之之实。

——《朱子语类·卷十三·学七》

朱熹（1130—1200 年），字元晦，号晦庵，是中国历史上著名的思想家、哲学家、教育家。他“致广大，尽精微，综罗百代”①，是继孔孟之后，中国儒学著名的代表人物之一。他继承和发展了二程学说，是南宋理学思想的集大成者，不仅一生聚徒讲学，致力于教育事业，编撰了《近思录》《小学》《四书章句集注》等多种教材，还著录了《资治通鉴纲目》《伊洛渊源录》等 20 余种著作，对中国封建社会后期产生了重要影响。

朱熹综罗百代，建立了庞大的理学体系，相关理论成果成为宋代之后封建统治阶级的官方哲学。朱熹认为，理是世界之本原，事物存在的根据和存在的状态，都是由“理”来决定，“未有天地之先，毕竟也只是理”②。但是，“天地所以生物者，理也；其生物者，气与质也”③。在朱熹看来，理是万物之本，但要诞生万物，只有“理”却不够，还必须有“气”的参与，所谓“天地之间，有理有气。理也者，形而上之道也，生物之本也；气也者，形而下之器也，

---

① ［宋］朱熹．朱子全书·文集［M］．上海：上海古籍出版社，2002：1305.

② ［宋］黎靖德．朱子语类：第 1 卷［M］．杨绳其，周娴君校点．长沙：岳麓书社，1997：1.

③ ［宋］朱熹．朱子四书或问·卷二十二［A］．［清］纪昀，等纂．影印文渊阁四库全书·经部［C］．第 197 册．台北：台湾商务印书馆影印，1986：0488d.

生物之具也。"① 在以理为一元论的客观唯心主义思想基础上，朱熹又提出了"性即理"的人性观。他将人性分为"天命之性"和"气质之性"，"天命之性"禀受天理而成，完美无缺；"气质之性"由理与气杂然而成，因气有清明和浑浊之分，所以"气质之性"有善有恶。如果所禀之气为清气，那么理在清气之中，就若宝珠在清水中，光泽明亮透彻；如果理在浊气之中，就若宝珠在浑水中，见不到其光泽。因此，朱熹主张要"去其气质之偏，物欲之蔽，以其复性"②。

朱熹提出"小学教事""大学教理"的分阶段教育主张，符合人的心理特征，丰富了中国古代教育理论的发展。朱熹基于对人的心理特征的初步认识，将教育分为"小学"和"大学"两个阶段：小学为 8～15 岁，其任务是培养"圣贤胚璞"，为儿童发展打好基础，主要教育内容为"洒扫、应对、进退之节，爱亲、敬长、隆师"③ 等具体的浅近之事，教育方法不仅要生动有趣以激发儿童兴趣，还要先入为主、及早施教；大学为 15 岁以后，其任务是在"圣贤胚璞"的基础上"加光饰"，主要内容是"知之深而行之大者也"，"使之所以修身、齐家、治国、平天下之道，而待朝廷用之也"，教育方法包括自学和学术交流。小学和大学虽然是两个独立的阶段，具体内容、方法均不同，但其内在联系和教育的根本目的却是一致的。

朱熹强调读书穷理，主张"循序渐进、熟读精思、虚心涵泳、切己体察、着紧用力"等读书方法，被其弟子概括为"朱子读书法"六条。朱熹强调，读书必须循序渐进，即读书时要按照书的一定次序来读，所谓"篇章文句首尾次第，亦各有序而不可乱也"④，要根据自己的实际情况安排读书计划，扎实打好基础，不可急于求成；读书时既能熟读成诵，又要精于思考，通过读书，能够发现问题并解决问题；在读的过程中千万不要先入为主，要虚怀若谷，且对所读内容反复咀嚼；读书过程中也需要抓紧时间、精神抖擞，反对慢悠悠和松垮垮的读书状态；同时，读书不能仅仅停留在书本上和口头上，还要身体力行；要在读书中确立远大的目标，精神专一、以顽强的毅力长期

---

① ［宋］朱熹．朱子文集［M］．上海：商务印书馆，1936：216.

② ［宋］朱熹．朱熹文集编年评注［M］．福州：福建人民出版社，2019：882.

③ 朱杰人，严佐之，刘永翔．朱子全书：第十三册［M］．上海：上海古籍出版社，合肥：安徽教育出版社，2002：393.

④ 朱杰人，严佐之，刘永翔．朱子全书：第二十四册［M］．合肥：安徽教育出版社，2002：3583.

坚持。

朱熹醉心于学术研究，用了整整四十年时间“遍求古今诸儒之说”，融汇百家，收集各种经典文本，加以研究注释。朱熹本着批评的精神并运用缜密的方法重构儒学，他把当时所有的学说加以精心攻研，经过取舍、糅合、扩充，树立了一个具有完整思想架构的意识形态体系，对宇宙、心性、知识、教育、政治诸多方面均有涉猎阐明，匡正廓清了当时许多学者辩难、聚讼的错讹和谬疑。朱熹在《论语集注》中，引用了前人学者的1629条注解，《孟子集注》中引用了学者1324条注解，还写了《论语要义》《论语训蒙口义》《大学解》《大学或问》《论孟精义》等与《四书》相关的著作，构筑起包括理气论、天人合一、格物致知、理一分殊在内的庞大的哲学新体系。其中，《诗经集注》《楚辞集注》等都是他极具影响力的著作，尤其是《四书章句集注》，经典的整理诠释和传承创新是儒学发扬光大的前提，也是理学体系创建与完成的思想准备和理论基础，相关著作为赵宋王朝治国理政、立德树人提供了内容依据。据统计，朱熹编纂文集140卷，著述语录140卷，其他书籍120卷，以一己之力构建了儒学有史以来最庞大的思想理论体系，这在知识创造、文化传播尚不发达的时代绝对是惊人成果。朱熹不仅在思想渊源和学术统绪上承继了儒家的脉络，而且以博大的著述丰富了儒学的概念和范畴并使之系统化，用理性思辨的方式分析探究了这些概念范畴之间的逻辑关系，把儒家思想理论建设推进到完善与超越的新阶段。

朱熹一生致力于聚徒讲学、教授学生，晚年更是心无旁骛投入授徒讲学、解经论道，其弟子方伯谟、黄榦等劝其稍减神思劳顿以将息养病，朱熹反复申明了传道授业解惑的责任和担当。黄榦也详细记述了朱子阐释、传扬理学的真实情境，“从游之士，迭诵所习，以质其疑。意有未谕，则委曲告之而未尝倦。问有未切，则反复诫之而未尝隐。务学笃则喜见于言，进道难则忧形于色。讲论经典，商略古今，率至夜半。虽疾病支离，至诸生问辨，则脱然沉疴之去体。一日不讲学，则惕然常以为忧。”① 除此之外，南宋末年王朝的一些敕令也高度评价朱熹为士大夫之表率：“古学粹深，风节峻特，可以为世之师。仁心仁闻，威惠孚洽，可以为时之帅。”② “自孟子之殁，大道晦暝，世人擿埴而索途者，千有余载。天生濂洛关闽四夫子，始揭日于中天，万象森列，无不毕见，其功

---

① 朱杰人，严佐之，刘永翔．朱子全书：第二十七册［M］．合肥：安徽教育出版社，2002：563.

② ［宋］楼钥．攻愧集·卷三八·朱熹知潭州［M］//王瑞明．宋儒风采．长沙：岳麓书社，1997：43.

固伟矣。而集其大成者唯考亭朱子而已。”① 朱熹不仅在道德教育方面倾注了大量心血和智慧，而且在师德士风养成中也严于律己，自成表率。实际上，朱熹一生仕途并不顺利，他的学问曾被批判为伪学，但他仍然为人豁达，始终没有放弃对家国情怀的坚守和对世事的抗争。他在书院或精舍讲学近50年之久，吸引各地生徒不拘远近慕名而来、受教而去，在朱熹主讲期间岳麓书院聚徒竟达千人之多。

案例分析

朱熹于1130年出生于福建，自小聪颖，勤学好问，其父朱松从他幼小开始，就对他进行严格的教导，在他刚刚会说话的时候，父亲指着天告诉他：“这是天。”朱熹也学着说：“这是天。”可是不过一会儿，他又问父亲：“天的上面是什么？”这一下，父亲答不出来了，因为他也不知道天的上面是什么。有一次他就直接问自己的父亲：“地又是什么？”问天问地，追问到底，但是“天地”说简单也简单，说复杂也复杂，所以他的父亲经常被问住，不知该如何回答。不过，由此朱松惊奇地发现，这孩子非同一般，如果悉心培育，加之刻苦好学，必然能成大才。于是，父亲便开始教他读书识字，并于5岁左右送他去学校读书。朱熹从师受学后，那种勤奋、动脑、虚心好学的精神，更加明显地表现出来。有一天，老师教他读《孝经》，只教了一遍，他就全部学懂了，并且在书眉上写道：“不若是，非人也！”②。1147年，18岁的朱熹考取贡生，19岁登进士，1151年，朱熹授左迪功郎、泉州同安县主簿，并于1153年上任，后秉持“敦礼义、厚风俗、戢吏奸、恤民隐”之理念管理县事，将“视民如伤”公开悬示于众，不仅是一种为政宣示和对自己的提醒，更是以此接受百姓们的监督，1157年任满罢归，“士思其教，民怀其德，不忍其去”③。1158年，朱熹拜李侗为师，这奠定了朱熹以后学说的基础。1163年，朝廷任朱熹为国子监武学博士，朱熹辞职不就，请辞归崇安。1169年，朱熹从全新角度提出“中和新说”，这标志着朱熹哲学思想的成熟。1169年，朱熹建寒泉精舍为母守墓，并开始了

---

① ［明］宋濂．宋濂全集·理学纂言序：第五册［M］．杭州：浙江古籍出版社，2014：1638.

② ［元］脱脱，等．宋史·卷四百二十九·朱熹传［M］．上海：中华书局，1977：12751.

③ 白寿彝，等．文史英华·学案卷·晦翁学案［M］．何本方编注．长沙：湖南出版社，1993：230.

长达六年的著述。1173 年，朱熹作《重修尤溪庙学记》。1175 年，与吕祖谦在寒泉精舍相聚，编成《近思录》。1178 年，朱熹任知南康军，兼管内劝农事，当年适逢大旱，朱熹不仅着手兴修水利，抗灾救荒，还积极向朝廷争取减免税赋，由于措施得力，百姓“多所全活”。当时，浙东地区也发生了灾荒，朱熹因为救荒有方，朝廷命朱熹前往浙东救灾，朱熹还未到任就给各地州郡写信，召集米商，免除他们的商税，等朱熹到达时，各地商船运来的粮食已经聚集了很多。朱熹每天都深入乡间考察灾情，“单车屏徒从，所至人不及知”①，他还将那些对百姓不利的丁钱、役法等规定都整理出来加以革除，同时制定规划，为百姓做长远打算。1180 年，朱熹竭力倡导的白鹿洞书院修复，他兼任洞主，置办学田，订立《白鹿洞书院揭示》学规，成为南宋以后书院和各地方官学共同遵守的学规。1182 年，朱熹将《大学章句》《中庸章句》《论语集注》《孟子集注》四书合刊成《四书章句集注》，构成了他的完整理学思想体系。1183 年，朱熹创建武夷精舍，广收门徒。1189 年，他被任命为知漳州，于 1190 年赴任。1192 年，朱熹创建“竹林精舍”（后更名为“沧州精舍”）。1194 年，朱熹被任命为湖南安抚使，其间改建岳麓书院，同年八月被任命为焕章阁待制兼侍讲，但在朝仅 46 天就被罢免。1196 年 12 月，监察御史沈继祖以移花接木、颠倒捏造等手法奏劾，朱熹被斥为“伪学魁首”，朱子门人遭下狱或流放。1200 年 3 月，朱熹去世，享年 71 岁。

朱熹一生之所以能在学术上取得巨大的成绩，一个最根本的原因就在于他自幼就有遇事动脑筋、虚心好学、锲而不舍的求知精神。时至今日，朱熹的思想和精神仍有很大的借鉴意义，同时朱熹的著作《朱子家训》也为我们修身处世、治家教子提供了重要借鉴。

参考文献

[1] [元] 脱脱，等. 宋史·卷四百二十九·朱熹传 [M]. 上海：中华书局，1977.
[2] 朱熹. 朱子全书 [M]. 上海：上海古籍出版社，2002：1305.
[3] 朱熹. 朱子全书：第一卷 [M]. 合肥：安徽教育出版社，2010：216.

① [明] 樊玉冲编撰. 皇家藏书·智品 [M]. 北京：中国戏剧出版社，2000：174.

[4] 余英时. 宋明理学与政治文化 [M]. 长春：吉林出版集团，2008.
[5] 吴震. 格物诚意不是两事——关于朱熹工夫论思想的若干问题 [J]. 杭州师范大学学报（社会科学版），2014，36（06）：7-26.
[6] 潘立勇. "气"在朱子理学美学中的意义 [J]. 中国哲学史.2001（02）：29-36.
[7] 石力波. 钱穆的朱子学研究 [D]. 西安：西北大学，2013.

学界泰斗，人世楷模

——蔡元培

教育者，非为已往，非为现在，而专为将来。

——《蔡元培全集·第二卷·全国临时教育会议开会词》

蔡元培（1868—1940年），字鹤卿，号孑民，浙江绍兴人，是我国著名的教育家、革命家、政治家和民主进步人士，曾任国民党中央执委、国民政府委员兼监察院院长，“中华民国”首任教育总长。他是北京大学的创始人之一，亦曾任北京大学校长，他积极支持新文化运动，是五四新文化运动的代表人物之一。蔡元培用毕生余力，发展中国的现代教育事业，被后人评价“开出一种风气，酿成一大潮流，影响到全国，收果于后世”①。杜威曾专门评价蔡元培，说“拿世界各国的大学校长来比较，牛津、剑桥、巴黎、柏林、哈佛等校长中，在某些学科上有卓越贡献的不乏其人；但以一个校长身份，能领导一所大学，对一个民族和一个时代起到转折作用的，除蔡元培以外，找不出第二个人。”②在蔡元培72年的人生历程中，他始终信守爱国和民主的政治理念，致力于废除封建主义的教育制度，奠定了中国新式教育制度的基础，为中国教育、文化、科学事业的发展做出了富有开创性的贡献。

蔡元培提出“五育”并举的教育方针，这是中国近代教育史上第一个充分体现社会价值与个人价值相统一的教育思想。“五育”包括军国民教育、

---

① 梁漱溟．纪念蔡元培先生——为蔡先生逝世二周年作［A］//陈平原，郑勇．追忆蔡元培．北京：生活·读书·新知三联书店，2009：114.

② 王玉生．蔡元培普通教育思想论纲［M］．北京：中国社会科学出版社，2009：16、17.

实利主义教育、公民道德教育、世界观教育和美感教育。蔡元培主张将军事教育引入学校和社会教育之中，让学生和民众都受到一定的军事训练，以培养国民强健的体魄和尚武精神；他“以人民生计为普通教育之中坚”，① 开展实利主义教育，认为应该将教育与国民经济生活加强联系，进行职业能力的培训，让教育能发挥提高国家经济能力和改善人民生活水平的作用；他将世界分为“现象世界”和“实体世界”，主张培养人们立足于现象世界但又超脱于现象世界而贴近实体世界的观念和境界；他将世界观教育与美感教育相联系，认为美感教育介于“现象世界与实体世界之间”，世界观教育引导人们具有实体世界的观念，但简单的说教不能实现，其有效的方式就是美感教育，美感教育就是世界观教育的主要途径。蔡元培认为，“五育”相互联系，不可偏废。

蔡元培以“思想自由，兼容并包”为宗旨改革北京大学，成为我国高等教育近代化发展中的里程碑。蔡元培改革北大之前，北大官僚之风盛行，求学者，皆有做官发财之思想，对于教员，他们不问其学问之浅深，唯问其官阶之大小，进而攀附之，以谋得一官半职；为师者，不思教学，唯求混个闲职，谋得俸禄，专心做学问者，反而会受到排挤。蔡元培认为“大学是纯粹研究学问之机关，不可视为养成资格之所，亦不可视为贩卖知识之所，学者当有研究学问之兴趣，养成学问家之风格。”② 因此，他提出并践行“兼容并包”和“学术自由”的新主张，对北大进行了一系列改革。第一，改变北大的校风。首先，蔡元培从改变学生的观念入手，他认为“大学生当以研究学术为天职，不当以大学为升官发财之阶梯。”③ 强调学生要抱定宗旨、砥砺德行和敬爱师长，倡导在校园内设立各种研究会和文体活动，培养学生正当兴趣。其次，他整顿教师队伍，不拘一格地延聘那些真正热心于学术的学者到北大教学，例如梁漱溟曾两考北大失败，但当蔡元培从《究元决疑论》一文中得窥其佛学修养后说：“既然当不了北大的学生，那么就让他来当老师”，于是中学毕业的梁漱溟成了北大的哲学教授。他曾三顾茅庐，聘请陈独秀担任文科学长，陈独秀带来了《新青年》，北大由此成为新文化运动的新阵地。他又聘请了李大钊、胡适、钱玄同、刘半农、鲁迅等人，后来他们成为新文化运动的主力，也为北大成为五四运动的发源地创造了条件。除此之外，他还将一些不称职的教师辞退，将“敬德会”引

---

① 蔡元培．国学精神［M］．北京：北京理工大学出版社，2020：249.
② 蔡元培．中国伦理学史［M］．长春：吉林出版集团股份有限公司，2017：209.
③ 蔡元培．蔡元培自述［M］．北京：中国言实出版社，2015：204.

入校园，以提高教师的道德修养。经过蔡元培的整顿，北大教师队伍流派纷呈，名师云集，可谓盛极一时。再次，蔡元培设立各类学科研究所，他认为大学除了要传授知识，还必须要在知识上有所创新，不断推动学术进步。因此，他任校长后广积图书，为学术创造奠定基础。第二，主张教授治校，民主管理校园事务，不仅设立了学科教授会，还将民主管理的内容以正式文件的形式固定下来。蔡元培所实行的“教授治校”制，在中国教育史上前所未有，是西方大学管理制度在中国大学中的一次成功借鉴。第三，改变学科和教学体制，不仅致力于改变北大当时“轻学重术”的思想，还扩充和沟通文理学科，在北大设立了14个系，并实行“学分制”，让学生可以跨系选科，清除了人为的科技障碍，适应了近代科学相互联系、相互渗透的发展趋势。与此同时，蔡元培还首开公立大学招收女学生之先河，在北大实行旁听生制度，他认为凡是能进入教室的人（只要有位置即可）都可以听北大教授的课程。因此，有人为了蹭北大的课，专门在北大附近租房子。当时身为北大图书馆管理员的毛泽东也因此蹭了不少北大教师的课，并结识了陈独秀、李大钊等人，接触到了马克思主义思想。蔡元培对北大的改革，不仅使北大的面貌一新，更是我国高等教育近代化发展的里程碑。

蔡元培倡导“教育独立”，以最大程度地发挥教育的作用。他认为，教育独立首先就是要经费独立，建立单独的会计制度，避免经费被占用、挪用等情况发生；其次，教育要行政独立，不附设在政府部门，避免教育受到政权更迭的影响；再次，教育要独立于宗教之外，才不会受不同宗派的影响而相互排斥，以保证学术和文化的进步。

蔡元培的“五育”并举主张和“思想自由，兼容并包”办学原则，使北大成为新文化运动的发祥地，为新民主主义革命的发生创造了条件、为中华民族保护了一批思想先进、才华出众的学者、为中国近现代资产阶级大学教育理论的形成打下了坚实的基础。他的眼光始终在看世界，致力于缩小国内大学与世界一流大学的差距；他的一生始终在不断学习，其终身学习的精神堪称学习的典范，就像蔡元培自己所说：“一个人如果学习方法得当，持有钻进去的精神，想不成功都难”，正是这种潜心阅读的经历，才使得他学贯中西，对古今中外各科知识都能融会贯通，并对近代与现代中国教育与文化事业的发展做出了不可磨灭的贡献，堪称“学界泰斗、人世楷模”。

案例分析

蔡元培于1868年出生于一个商人家庭，小名宜哥，小字意可，又名阿培，入私塾后按照兄弟辈同行的元字，取名元培。1872年，蔡元培入私塾破蒙读书。1877年，其父去世，家里无力为他请私塾先生，于是让其先寄居到姨母家与表兄弟们一起读半年，后到自家对门的李申甫所设的私塾读书。1880年，13岁的蔡元培开始跟着博学通经的增额秀才王子庄学习，收获颇多。1883年，他考中秀才，考中秀才后旋即开始自学。1889年考中举人，次年会试告捷，但未参加殿试。1892年蔡元培进京补殿试，被录取为第二甲第三十四名进士，点翰林院庶吉士，光绪皇帝的老师翁同龢评价他："年少通经，文极古藻，隽才也"①。1893年，蔡元培通过散官考试，提升为翰林院编修。1894年，甲午战争爆发，朝廷签订《马关条约》，这让蔡元培意识到要救亡图强，必须培养革新之人才，于是，1898年冬，蔡元培放弃仕途回绍兴，担任中西学堂监督，开始了他孜孜以求的教育事业。1901年，蔡元培到上海任澄衷学堂代理校长，9月被聘为南洋公学经济特科班总教习，他在特科班采用了新型的教学方法，让学生半天学习传统课程，半天学习英语、数学等课程，中间还安排学生做体操等，还特别注重对学生进行爱国主义等方面的教育，在他的新型教育方式下，特科班的很多学生都成为国之栋梁，如李叔同、黄炎培等。1902年，为了推动中国教育事业的发展，蔡元培与蒋智由、黄宗仰等人共同发起并成立了中国教育会，蔡元培任会长。1905年，蔡元培经黄兴介绍加入同盟会，并被委任为上海主盟人。1907年，已经40岁的蔡元培怀揣推进中国文化、教育与思想的心愿前往德国柏林留学，入读莱比锡大学哲学系，完成了《中国伦理学史》《中学修身教科书》《伦理学原理》的编写和翻译工作，德国的留学经历，对蔡元培民主意识、学术自由和兼容并包思想的形成助益良多。1911年，蔡元培绕道西伯利亚回国。1912年，他被任命为民国第一任教育总长，其间，他无意中读到胡玉缙的文章，决定将其聘请到部中任职，便指示下属起草了邀请信，当时还未成名的胡玉缙在接到邀请信后，非但没有感激蔡元培的举荐，还给蔡元培写了一封抗议信。胡玉缙认为，在"奉总长谕：派胡玉缙接收（教育部）典礼

---

① 赵庆元．蔡元培传［M］．合肥：安徽人民出版社，1998：17.

院事务，此谕”① 的邀请信中，“谕”和“派”两个字是上级对下级的，包含着必须服从的意思，而自己并不是教育部雇员，不存在上下级关系，且“谕”是封建时期的特定词，这让胡玉缙无法容忍。蔡元培接到抗议信后，立即复信表示歉意，称“责任由我来负责”。蔡元培主动承担责任，向人道歉，折射出蔡元培律己不苟的高尚精神。任教育总长半年后，因不愿与袁世凯政府合作而辞职。1913 年，在第二次大革命失败后他前往法国，旅法三年期间，编著了《哲学大纲》《华工学校讲义》《康德美学述》，整理了前人研究的《红楼梦》篇章，创办了《学风》《民德报》等杂志，创办了留法勤工俭学会和华法教育会。1917 年，蔡元培回国任北大校长，对北大进行了一系列改革，凭借自己的威望和人脉，曾邀请过杜威、罗素、班乐卫、普朗克等一批世界级名家到北大做讲座和做短暂授课，甚至还让爱因斯坦和居里夫人接受了邀请，虽然这两人因为种种原因最终未能成行。1927 年，国民党决议设立中央研究院筹备处，蔡元培开始主持筹备工作。1928 年，中央研究院正式成立，他出任院长，直至 1940 年在香港去世，都未卸任院长之职。

蔡元培一生淡泊名利，为子女树立了好榜样。他在担任中央研究院院长时，应酬较繁，开销亦大，部属眼见他入不敷出，就在他原有的薪水基础上多加了 20 元，蔡元培领薪时发现了此事，当场把多发的钱退了回去，并告诉发薪的人，一切要按规定办理。他说：“生活苦不要紧，但守法必须严格做到。”② 他的老朋友蒋维乔曾写道：“先生绝无耳目四肢之嗜好，为爱惜生灵，而不愿杀生，持素食。为公众事业，可以做到忘其家、忘其身，做到功成而我不必居，名成而我不必享，无我、无功、无名。”③ 在他 70 岁生日时，其学生朋友蒋梦麟、胡适、王星拱、罗家伦等人，还联名写信：“我们知道蔡先生为国家、为学术劳瘁一生。至今没有一所房屋，所以不但全家租人家房子住，就是书籍，也分散北平、南京、上海、杭州。因此我们决定，献给先生的生日寿礼，是先生所缺少的一处住宅。”④ 但这个心意，因日本侵华未能实现。蔡元培一生仗义疏财，死后无一间屋、一寸土，反而欠了医院 1000 大洋，丧葬装殓费用也是朋友资助的。据王世杰先生回忆：“蔡先生为公众服务数十年，死后无一间屋、无一寸土，医药费用一千余元。蔡夫人无法支付。最后只能典当衣物处理丧事，连

---

① 齐豫生，夏于全．菜根谭全书：第 1 卷［M］．北京：中国戏剧出版社，2002：64.

② 朱平．所谓先生［M］．北京：同心出版社，2013：17.

③ 陈平原，郑勇．追忆蔡元培［M］．北京：生活·读书·新知三联书店，2009：7.

④ 中国蔡元培研究会．蔡元培全集：第 14 卷［M］．杭州：浙江教育出版社，1998：132.

入殓棺木，还由商务印书馆王云五先生代筹。”① 周恩来总理曾送蔡元培挽联：“从排满到抗日战争，先生之志在民族革命；从五四到人权同盟，先生之行在民主自由。”②

参考文献

[1] 蔡元培．蔡元培自述［M］．北京：人民日报出版社，2011：189、190.
[2] 王玉生．蔡元培普通教育思想论纲［M］．北京：中国社会科学出版社，2009：16、17.
[3] 绍兴蔡元培纪念馆．蔡元培［M］杭州：浙江教育出版社，2004.
[4] 唐振常．蔡元培传［M］上海：上海人民出版社，2018.
[5] 张良才，孙传宏．从“教育救国”到“科教兴国”——中国教育社会价值观的百年嬗变［J］．华东师范大学学报（教育科学版），2001（01）：76.
[6] 高毅哲．蔡元培：不惑之年，换种活法［J］．文史博览，2017（03）：46.
[7] 周川．蔡元培与五四运动［J］．苏州大学学报（教育科学版），2019（02）：96-104.

① 王世杰．追忆蔡先生［M］//陈平原，郑勇．追忆蔡元培．北京：生活·读书·新知三联书店，2009：79.

② 中国蔡元培研究会．蔡元培纪念集［M］，杭州：浙江教育出版社，1998：3.

伟大的人民教育家

——陶行知

千教万教兮，教人求真；千学万学兮，学做真人。

——《陶行知全集·百侯中学复校十周年纪念》

陶行知（1891—1946 年），原名陶文睿，后改知行、行知，安徽歙县人，我国近代伟大的教育家、思想家。1914 年毕业于金陵大学，后赴美国伊利诺伊大学攻读市政学、哥伦比亚大学师范学院攻读教育，得到著名教授杜威、孟禄的赏识，回国后任南京高等师范学校教授、教务主任，创办南京市试验乡村师范学校（后改名南京晓庄学院）、山海工学团，曾任民国外交使节、国民参政员、中国民主同盟中央常务委员及教育委员会主任委员。陶行知一生致力于推广普及平民教育，提出了“生活教育理论”。周恩来同志评价陶行知是“一直跟着毛泽东同志为代表的党的正确路线走，是一个无保留追随党的党外布尔什维克”①，毛泽东在陶行知的追悼会上题写挽词“痛悼伟大的人民教育家陶行知先生千古”②，美国东南联合大学副校长布莱恩·库朋布评价“陶行知先生的教育思想不仅是中华教育史上的一枝奇葩，也是世界教育之林的一面旗帜③”。

陶行知全心全意为人民办教育，从劳苦大众的立场思考和解决劳苦大众的教育问题，这成为他教育实践的一大特点。1923 年，陶行知与晏阳初、朱其慧共同

---

① 周恩来．一个无保留追随党的党外布尔什维克［A］．江苏省陶行知教育思想研究会编．纪念陶行知［C］．长沙：湖南省出版社，1984：3.

② 何蓬．毛泽东时代的中国：第 2 卷［M］．北京：中共党史出版社，2003：20-23.

③ 布莱恩·库朋．给重庆社会大学纪念陶行知诞辰 110 周年大会的电文．

发起组织中华平民教育促进会之后，他便先后在南京和平门外晓庄创办了南京晓庄学校、在上海郊区大场创办了山海工学团、在重庆创办了育才学校和社会大学，其目的都是普及教育，推进民主教育运动，让没有机会受教育的人可以接受教育。他希望从乡村教育入手，寻找改变中国社会的道路，因此在 1926 年为中华教育改进社起草的《改造全国乡村教育宣言书》中提出“筹募一百万基金，征集一百万位同志，提倡一百万所学校，改造一百万个乡村”① 的观点，陶行知也由此成为中国教育史上提倡乡村教育、兴办乡村学校的先驱。他还开展“科学下嫁”活动，创办《生活教育》半月刊，提出“山海工学团”“工以养生，学以明生，团以保生”② 的普及教育之目的，推行国难教育，呼吁战时教育，成为中国教育史上少有的无私为百姓办教育的教育家典范。与此同时，陶行知还针对中国当时的现实情况，提出了与其办学相适应的“小先生制”，动员全国的小学生做“小先生”，形成一支普及教育的大军，在国难教育中发挥了积极作用。

陶行知提出“生活即教育、社会即学校、教学做合一”③ 的生活教育理论，这反映了陶行知探索中国国情和时代需要的教育理论的努力。第一，陶行知提出“生活即教育”，这是他生活教育理论的核心，主要包含生活含有教育的意义、实际生活是教育的重心、生活决定教育三个方面的内容。生活含有教育的意义，是指教育的根本意义是生活的变化，过什么生活就是在接受什么教育，生活伴随一个人人生之始终。所以，陶行知主张人们积极投入生活中，在生活的矛盾和斗争中向前；实际生活是教育的中心，是指生活和教育是同一回事，是同一个过程，教育不能脱离生活，教育要通过生活来进行，其方法和内容都要适应生活的需要；而生活决定教育即生活决定教育之目的、原则、内容和方法，但同时教育又能改造生活，起到推动生活进步的作用。第二，“社会即学校”是生活教育理论的另一主张，包含两层含义。首先，“社会含有学校的意味”，或者说“以社会为学校”。陶行知认为到处是生活，到处是教育，整个社会就像一个教育的场所。其次，“学校含有社会的意味”，学校通过与社会生活结合，一方面“运用社会的力量，使学校进步”，另一方面“动员学校的力量，帮助社会进步”，使学校真正成为社会生活必不可少的组成部分。第三，“教学做合一”是生活教育理论在实践层面的另一个主张，是“生活即教育”在方法上的具体化，包含四个方面的内容。其一，“在劳力上劳心”，陶行知认为在传

---

① 陶行知．中华教育改进社改造全国乡村教育宣言书［J］．新教育评论，1926（03）．

② 陶行知．在劳力上劳心［J］．乡教丛讯，1927（02）．

③ 陶行知．陶行知全集：第一卷［M］．成都：四川教育出版社，1991：10．

统教育下，劳力者与劳心者是割裂的，造成“田呆子”（劳力者）和“书呆子”（劳心者）两个极端，所以在中国“科学的种子长不出来”。因此，必须教读书的人做工，教做工的人读书，即“在劳力上劳心”。其二，“行是知之始”，陶行知认为行动是知识的重要来源，也是创造的基础，身临其境，动手尝试，才有真知，才有创新。其三，“有教先学”和“有学有教”，“有教先学”即教人者先教自己，学到知识再去教别人，“有学有教”即“即知即传”，会者教人学，能者教人做。其四，对注入式教学法的否定，陶行知提出，“教的法子根据学的法子，学的法子根据做的法子，事怎样做便怎样学，怎样学便怎样教。”① 教是服从于学的，而教、学又是服从于生活需要的，因而“教学做合一”是最有效的方法。

陶行知始终将教师当作自己毕生的事业，他说：“你若把你的生命放在学生的生命里，把你和你的学生的生命放在大众的生命里，这才算是尽了教师的天职。”② 他深知找到自己所为之来的大事并不容易，为此他一辈子都在执着而坚定地实践自己的教育理念，甚至为此改变自己的名字。在南京金陵大学求学期间，陶行知笃信“知是行之始，行是知之成”。因此，他将自己的名字改为“陶知行”。回国后，陶行知发现要在中国实行实验主义教育理论并不容易，于是写文章探求适合中国国情的教育理论。在《行是知之始》一文中，他先赞成王阳明的思想，又批评其“先知后行”，主张“行是知之始，知是行之成”。创办晓庄师范学校时期，陶行知在自己的办学实践中不断剖析旧传统教育脱离实际、脱离劳动、脱离民众的弊端，他在学校里不断演说自己关于“先行后知”的观点，以致许多调皮的学生称他为“行知吾师”，他也就乐得把自己名字改作“陶行知”。在创办了自然学园、生活教育社、山海工学团、育才学校和社会大学后，陶行知很快认识到不仅要“从行到知”，更重要的还要“由知到行”，于是提出了“行—知—行”理论。这也很好地体现了他的马克思主义辩证唯物观，正确地分析和处理了教育和政治、经济、文化之间的关系，表明了其目的是要使教育为振兴中华服务。

陶行知说，“捧着一颗心来，不带半根草去”，这也是陶行知一生的写照。他为了自己的理想，甘于俯身走入平民之间，为他们服务，将自己的全部都投入大众教育中去。陶行知的教育思想、教育理论和实践，以及他的六百多万字的著作，是留给后世极为宝贵的精神财富。认真学习、研究和实践陶行知的教育思想，对

① 中央教育科学研究所编．陶行知教育文选［M］．北京：教育科学出版社，1981：53.

② 陶行知．陶行知中国教育文选［M］．长春：吉林出版集团股份有限公司，2017：121.

推动和深化我国当前教育改革具有十分重要的现实意义和深远的历史意义。

案例分析

陶行知，1891 出生于安徽歙县，1906 年入教会崇一学堂，1910 年入南京汇文书院预科，不久后转入金陵大学。1914 年赴美留学，在伊利诺伊大学获得政治学硕士，之后又到哥伦比亚大学师范学院攻读教育，得到杜威、孟禄等著名教授的青睐。1917 年受聘于南京高等师范学校后回国，在该校任教务主任，并讲授教育学等课程。1923 年，他同晏阳初、朱其慧共同在北京发起并组织中华平民教育促进会。1926 年起草《改造全国乡村教育宣言书》，提出“筹募一百万基金，征集一百万位同志，提倡一百万所学校，改造一百万个乡村”的观点。1926 年 12 月，一位名叫白韬的年轻学生，因为从《乡教丛讯》月刊中看到陶行知创办乡村教育的报道后去拜访他，当白韬见到陶行知后就表达了自己想要加入其中的愿望，陶行知当即回答：“好极了，你来参加，我们竭诚欢迎，我们试办这所学校，是要来试试改造中国的道路。”“说话笑嘻嘻的，穿着蓝色绸长袍，黑马褂，围着皮围脖，头上戴一顶尼礼帽，手里提着一根文明棍，那一副金边眼镜，格外显出他的尊贵。虽不是西装革履，仍不脱大学教授的派头”①，这是白韬对陶行知的第一印象，该印象也让他心生疑虑：“这位从美国哥伦比亚大学留学回来的绅士派教授，居然能放下架子，到乡下来办学校改造乡村吗?”② 但三个月后，即 1927 年 3 月 15 日，南京试验乡村师范学校（后改名为晓庄学校）开学仪式上，白韬再次见到的陶行知，却已经是穿着草鞋，在牛栏旁边放下几张八仙桌宴请来宾，吃的是青菜豆腐。他借住的地方“三间草房，东首住主人，中间放农具杂物兼会客厅吃饭，西首拴着一头大水牛，遍地堆积着牛粪，陶先生就借住在西首牛大哥旁边”③。在晓庄学校，陶行知确立生活教育理论，并亲自开始实验。1931 年，他开始编辑科普读物，开展普及教育活动。1932 年创办山海工学团。1934 年创办《生活教育》杂志。1936 年开始推行国难教育，赴英国参加国际新教育会议，作为民国外交使节访问亚洲、非洲、欧洲、美洲的 28 个国家，宣传中国抗日并寻求国际社会的支持。1939 年

① 陶行知全集：第一卷［M］. 成都：四川教育出版社，1991：30-35.
② 陶行知全集：第一卷［M］. 成都：四川教育出版社，1991：50-52.
③ 陶行知全集：第一卷［M］. 成都：四川教育出版社，1991：88-89.

在重庆创办育才学校。1946 年创办社会大学，推进民主教育运动。1946 年 7 月 25 日因劳累过度而突然脑出血后逝世。

陶行知的形象经常被框定为一位出色的教育家，但世人经常忽视他专注教育的用意，他所期望的始终是社会改革和进步，尤其是关系广大民众利益的乡村社会改进。任何一位见过陶行知的人，哪怕是初次会面，都能深切感受到陶行知以教育为手段改造社会的热忱。“他不仅是理论家或事情的发起人，常常喜欢用自己的行动来指引别人干。”① 改造社会的宏愿与理想，最终必须化作脚踏实地的实践，陶行知为改造社会不断推行乡村教育与平民教育理念，也靠他身体力行的实践深深地根植于最基层的社会之中，社会就是他的学校，而他的学生，永远都是那些最朴实、最平常的农工子弟。陶行知身体力行推动平民教育，义无反顾地投身于为最大多数中国人民争取民主、争取自由的斗争中，无私奉献、鞠躬尽瘁，用自己生命支撑起“人民教育家”这个称呼所有的分量和光华，这正如自陶行知的《自立歌》所言：

滴自己的汗，
吃自己的饭。
自己的事，
自己干；
靠人、靠天、靠祖上，
不算是好汉！

参考文献

[1] 周恩来．对进步朋友应多加关照［C］．北京：人民出版社，1980：238.
[2] 陶行知．中国教育改造［M］．北京：商务印书馆，2017：71.
[3] 陶行知．陶行知全集：第二卷［M］．成都：四川教育出版社，2005：352.
[4] 姚渝生．重新发现教育与社会革命家陶行知［J］．南京晓庄学院学报，2017.
[5] 方明．陶行知教育名篇［M］．北京：教育科学出版社，2005.
[6] 孙培青．中国教育史［M］．上海：华东师范大学出版社，2019.

① 陶行知全集：第一卷［M］．成都：四川教育出版社，1991：22-23.

世界平民教育之父

——晏阳初

拿我们的心血洒在你们的身上！

——《对育才院学生的勖勉·晏阳初全集·第二卷》

晏阳初（1890—1990 年），出生于四川巴中的一个书香家庭，原名兴复，又名遇春，字阳初。他一生致力于平民教育与乡村建设活动，在包括中国、菲律宾、泰国、危地马拉、哥伦比亚等国家在内的亚洲、非洲、拉丁美洲的发展中国家实施了平教运动与乡村改造实验，为中国乃至世界的平民教育事业做出了重要贡献。1967 年，晏阳初被菲律宾政府授予最高平民奖“金心勋章”；1976 年被危地马拉政府授予“国鸟勋章”；1987 年被美国政府授予“杜绝饥饿终生成就奖”；1989 年，时任美国总统的乔治·布什（George Herbert Walker Bush）为晏阳初贺寿，称赞他“一生服务于发展中国家的乡村平民，给众多民众以极大鼓舞，是人类的福音！”①。

晏阳初一生致力于平民教育的实践与推广，他从实践中总结出了极具中国特色的平民教育理论，为全世界发展中国家平民教育带去了中国经验。晏阳初认为，平民教育是给予一般不识字与识字但缺乏常识的男女接受教育的机会，与贫民教育、社会教育、成人补习教育、义务教育、阶级教育不同，它是一种均智主义，有组织且系统的专门教育。作为一种系统的、有一定规模和组织的专门教育，平民教育分为三段：第一段为识字教育，其目的是使已过学龄时期

① 宋恩荣．晏阳初全集：第 3 卷［M］．天津：天津教育出版社，2013：635.

但不识字的男女，都能识得日常必需的文字；第二段为公民教育，目的是使一般已经识字但缺乏常识的百姓皆能获得国民应有的基本教育，这是平民教育的最终目的；第三段为生计教育，就是授予百姓谋生的技能，用于改进平民的生活。晏阳初经过长期观察，尤其是在他主持的中华平民教育促进总会迁入河北定县，并在此开展“彻底的、集中的、整个的县单位实验”。他认为，中国农村的问题有四个基本缺点，即“愚、贫、弱、私”。晏阳初提到，当时的中国人有80%是文盲，他们目不识丁，缺乏知识，是谓愚；人民生活在生与死的夹缝里，是谓贫；人民的生命存亡，完全付之天命，毫无科学治疗、公共卫生可言，是谓弱；人民缺乏道德陶冶以及公民训练，不能团结合作，是谓私。要解决以上四个问题，必须从文艺、生计、卫生、公民四大教育入手。第一，要以文艺教育救愚，即使平民能够识字，能运用传达知识的工具，培养他们的智识力，以适应现代生活；第二，要以生计教育救穷，只有向农民普及科学的知识技术，训练其参加各种产业的合作能力，才能提高其经济生活，解决生计困难；第三，以卫生教育救弱，就是要普及卫生知识，培养卫生习惯，以提高公民生活健康程度；第四，以公民教育救私，主要在公共责任心培养、合作精神养成与团结力训练方面下功夫，以达到提高人民道德生活与团结生活的目的。四大教育的实施，主要有三种方式：其一，学校式，以实施文字教育为主，注重工具知识传授与训练；其二，社会式，以讲解、表演及其他直观教育方法为主，注重团体教学；其三，家庭式，这是符合中国实际的一种必要方式，目的是帮助解决家庭与学校之间的矛盾，帮助年长的家庭成员减少对青年妇女和儿童教育的阻挠或反对，将学校课程中的某一部分，如培养卫生习惯、儿童教育、家庭管理交由家庭来承担，使家庭关心社区的利益，乐于承担社会责任。

晏阳初基于“民为邦本，本固邦宁”价值取向施行乡村社会改造实践。他的乡村改造与其对平民教育的认识密切相联系，他说：“中国的经济基础在农村”,① 改造中国就应该从改造农村，建设农村做起。但是，“中国的农民向来负担最重，生活却最苦：流汗生产的是农民，流血抗战的是农民，缴租纳粮的还是农民，有什么‘征’有什么‘派’也都加诸农民，一切的一切都由农民负担！但是，他们的汗有流完的一天，他们的血有流尽的一日，到了有一天他们负担不了而倒下来的时候，试问，还有什么国家？还有什么民族？”② 因此，晏

① 宋恩荣．晏阳初全集：第2卷［M］．天津：天津教育出版社，2013：14.
② 宋恩荣．晏阳初全集：第2卷［M］．天津：天津教育出版社，2013：402.

阳初感叹："今天更迫切的需要是培养民力、充实民力的乡村建设工作。"① 在晏阳初看来，乡村建设工作的关键就是要先建民，只有一切从人民出发，使农民觉悟起来，才有乡村建设的主力，没有千百万劳苦大众的自觉参与，乡村改造事业是一定不会成功的。不过，只有乡民还是不够的，单是乡村人解决不了乡村问题，还要靠有知识、有眼光、有新方法和新技术的知识界的人参与进来。因此，晏阳初号召知识分子"抛下东洋眼镜，西洋眼镜，都市眼镜，换上一副农夫眼镜"，"我们欲'化农民'，我们领先'农民化'"，给"农民作学徒"②。可以说，"化农民"和"农民化"分别是晏阳初乡村建设实验的目标和途径。

晏阳初是中国现代史上著名的教育家、世界平民教育运动与乡村改造运动的倡导者，他一生致力于平民教育运动，尝试将"民为邦本"的中国传统文化衔接到西方人本主义等民主思想中，对中国社会改造，尤其是乡村改造以及早期乡村现代化转向产生了重要影响。1943 年，晏阳初被美国百余所大学的学者推选为"现代世界最具有革命性贡献的伟人"之一。

案例分析

晏阳初于 1890 年出生于四川巴中，1895 年入父亲所办的私塾接受启蒙教育，1903 年到阆中西学堂接受教育，1904 年加入基督教，1916 年 9 月远赴美国耶鲁大学修政治经济学，1918 年从耶鲁大学毕业后，即赴法国参加基督教青年会主持的为华工服务工作，1919 年创办《华工周报》，并返美入普林斯顿大学修学历史，1920 年硕士毕业后回国，着手平民教育工作。他认为，做好平民教育工作"先要调查，先看病症如何，然后发药"③。因此，从 1920 年冬开始，直至 1922 年春，他游历了全国 19 个省，调查各地平民教育现状，访问了各地的各类平民学校，收集了教材和各种教具，将平民教育写在中国大地上。1923 年任中华平民教育促进总会总干事；1926 年平民教育总会在河北定县设立办事处，划定乡村建设实验建设区；1929 年全家迁往定县，平教总会机关全部从北京迁往定县，工作人员及家属随迁并就近参加乡村建设实验；1937 年定县沦

① 宋恩荣．晏阳初全集：第 2 卷［M］．天津：天津教育出版社，2013：402.
② 宋恩荣．晏阳初全集：第 1 卷［M］．天津：天津教育出版社，2013：193.
③ 宋恩荣．晏阳初全集：第 1 卷［M］．天津：天津教育出版社，2013：24.

陷，实验区工作停止，一部分成员辗转到长沙实验区；1938 年，晏阳初应湖南省主席张治中邀请，出任教育长，同年赴延安考察并会见了毛泽东；1940 年，私立中国乡村建设育才院在教育部正式备案，晏阳初任院长；1943 年，他与美著名作家麦克沃伊（J. P. McEvoy）合作撰写《免于愚昧无知的自由——平民教育实用手册》，提出“第五自由”的著名论断；1952 年，先后赴菲律宾、印度尼西亚、泰国、巴基斯坦、印度、利比亚以及设在巴黎的联合国粮农组织、卫生组织考察或商讨合作事宜；1954 年，菲律宾总统拉蒙·麦格赛（Ramon Magsaysay）邀请他协助推行三年计划，从而使菲律宾成为亚洲乡村改造示范国家；1990 年 1 月 17 日，晏阳初在纽约逝世，享年一百岁。

参考文献

[1] 宋恩荣. 晏阳初全集：第 1~4 卷 [M]. 天津. 天津教育出版社，2013.
[2] 熊贤君. 晏阳初全集画传 [M]. 济南：山东教育出版社，2015.

针砭时弊的神圣牛虻

——苏格拉底

我比别人知道得多的，不过是我知道自己无知。

——苏格拉底

苏格拉底（Socrates，公元前469—公元前399年）出生于鼎盛时期的雅典，其父索佛洛尼斯科斯（Sophroniscus）是雕刻匠，母亲费纳瑞特（Phaenarete）是助产士。苏格拉底与孔子一样“学无常师”，他师从各种有学问的大师，阅读了当时能得到的所有诗人和哲学家的著作。苏格拉底一生从未停止对伦理哲学和教育的思考，但他“述而不作”，其言行和思想大多在他的学生柏拉图、色诺芬等的著作及记录中保存下来。苏格拉底坚持真理，喜欢批评时弊，最终被人诬告，被判处死刑，终年70岁。他是西方哲学的奠基人，是古希腊三贤之一，被黑格尔盛赞为“各种美德的典型”①，蒙田称“苏格拉底之言行臻现了至善至美与大难大劫的极限，远非人工所及”②。

苏格拉底认为，教育的目的就是培养治国的人才，这与他出生在雅典鼎盛时期，却经历了伯罗奔尼撒战争战败后逐渐衰败的雅典社会有关。他批评当时用抽签方式选拔官员的传统，他认为，自然哲学家的研究解决不了现实问题，只有将哲学研究从自然回归到人间，将研究自然转向研究人类的问题，才能解决雅典当时众多的社会问题。苏格拉底把自己比作一只牛虻，是神赐给雅典的

---

① ［德］黑格尔．哲学史讲演录第二卷［M］．贺麟，王太庆，译．北京：商务印书馆，1983：49.

② ［法］蒙田．人生随笔［M］．杭州：浙江人民出版社，1987：94.

礼物。神把他赐给雅典的目的，是要用这只牛虻来刺激这个国家，因为雅典好像一匹骏马，但由于肥大懒惰变得迟钝昏睡了，所以很需要有一只牛虻紧紧地叮着它，随时随地责备它、劝说它，使它能从昏睡中惊醒而焕发出精神。苏格拉底把批评雅典看作神给他的神圣使命，这种使命感和由此而来的思考探索便成为他生活与哲学实践的宗旨。苏格拉底提出，雅典要重新繁荣，就要改革教育，培养具有丰富专业知识和深厚道德情感的政治家。而要培养这样的人，就需进行伦理道德教育，伦理、道德问题成为苏格拉底整个思想体系的中心。首先，苏格拉底认为，道德是实践的哲学，首要任务就是要教会人怎样做人，“如果经过教育学会了他们应当怎样做人的话，就能成为最优良最有用的人”①。其次，苏格拉底认为德行即智慧，所以教人道德就是教人智慧，“智慧就是最大的善，正义和其他一切德行都是智慧”②，他的这一论断被后世的教育家继续完善，并把发展道德意识、道德判断作为德育的重要任务。再次，苏格拉底认为，人应当自制，这是德行的基础，如果人们不控制自己的情欲，就容易远离智慧，丧失辨别能力，所以他要求人们约束自己的行为，抑制自己的欲望，还要遵守国家的法律，因为他认为遵守国家的法律也是一种道德。

苏格拉底提出了“产婆术”的教学方法，这也是他探讨伦理哲学的方法。“产婆术”也被称为问答法，是指回答者被不断追问，直至陷入矛盾，并承认自己的无知，然后再在问答中寻求到答案。苏格拉底说：“我的母亲是个助产婆，我要追随她的脚步，我是个精神上的助产士，帮助别人产生他们自己的思想。”③ 因此，苏格拉底整天到处找人谈话，讨论问题，探求对人最有用的真理和智慧，他的一生大部分都是在室外度过的，他喜欢在市场、运动场、街头等公众场合与各方面的人谈论各种各样的问题。例如，什么是虔诚、什么是民主、什么是美德、什么是勇气、什么是真理，以及你的工作是什么、你有什么知识和技能、你是不是政治家，如果是，关于统治你学会了什么、你是不是教师、在教育无知的人之前你怎样征服自己的无知等。苏格拉底与人讨论这些主题，就是要引导人们认识到人类是非常无知的，需要通过批判的研讨去寻求什么是真正的正义和善，以达到改造灵魂和拯救城邦的目的。“产婆术”最大的优点在于并不是将现成的答案强制灌输给对方，而是通过问答形式启发对方自己寻

---

① ［古希腊］色诺芬．回忆苏格拉底［M］．吴永泉，译．北京：商务印书馆，1984，139.

② ［古希腊］色诺芬．回忆苏格拉底［M］．吴永泉，译．北京：商务印书馆，1984，117.

③ ［美］亨利·托马斯，等著．圣哲·常人·疯子大哲学家传［M］．马俊杰，等译．北京：农村读物出版社，1990：4.

求答案，这遵循了从已知到未知、具体到抽象、个别到一般的规则，被后世的教学法所借鉴。

苏格拉底是个特立独行的人，无论是生前还是死后，都有一大批狂热的崇拜者和一大批激烈的反对者。19 世纪非理性主义哲学家尼采在他的著作《快乐的科学》《朝霞》等作品中曾强烈抨击苏格拉底，把苏格拉底称作“乐观主义的科学精神”的“始祖”。尼采认为，苏格拉底的影响笼罩着世世代代，直至今日，自苏格拉底时代以来，人们相信科学至上，知识万能，思维能洞悉事物的本质，这种理念是“一种专横的，绝对的信念”，因而也就是信仰。所以，“即使科学也是建立在一种信仰之上的，根本不存在‘无前提的’科学”①。尽管如此，在欧洲文化史上，苏格拉底一直被看作是为追求真理而死的圣人，几乎与孔子在中国历史上的地位相同。因此，苏格拉底又被称为西方的孔子，他们都开创了一个新的时代，这个时代并不是靠军事或政治的力量所成就的，而是透过理性，通过对人的生命的透彻领悟，从而引导出一种新的生活态度。哲学史家也往往把他作为古希腊哲学发展史的分水岭，将他之前的哲学称为前苏格拉底哲学。苏格拉底以一种对哲学的崭新理解开创了希腊哲学的新纪元，更以其灵魂转世与净化的基本思想，给柏拉图极其深刻的影响，并通过他们一直影响希腊化罗马时代乃至后世的西方哲学。

案例分析

苏格拉底出生于雅典的鼎盛时期，幼年曾跟父亲学过雕刻手艺，年轻的苏格拉底也曾向著名的智者普罗泰戈拉和普罗第柯等人求教，讨论各种重要的社会话题和哲学问题。他以传授知识为生，30 多岁时做了一名不取报酬也不设馆的社会道德教师，40 岁左右，他成了雅典远近闻名的人物，他在雅典和当时的许多智者辩论哲学问题。他提倡人们认识做人的道理，过有道德的生活，他把哲学定义为“爱智慧”。许多有钱人家和穷人家的子弟常常聚集在他周围，向他请教，苏格拉底却常说：“我只知道自己一无所知。”② 他以自己的无知而自豪，并认为人人都应承认自己的无知。苏格拉底曾三次参军作战，当过重装步

① ［德］尼采．快乐的知识［M］．黄明嘉，译．北京：中央编译出版社，1999：249.
② ［古希腊］柏拉图．认识你自己［M］．王晓朝，译．武汉：长江文艺出版社，2014：78.

兵，在战争中表现得顽强勇敢，并不止一次在战斗中救助受伤的士兵。公元前399年，即苏格拉底70岁之际，他被三个宵小诬陷，被控以藐视传统宗教、引进新神、败坏青年和反对民主等罪名，并被判处死刑。苏格拉底被宣判死刑后，并没有马上执行，这给了他的追随者们挽救他的良机。苏格拉底的学生克里托计划帮苏格拉底离开监狱，逃往外邦。当克里托贿赂狱卒后见到苏格拉底，并把营救计划告诉他时，苏格拉底却拒绝逃亡，因为他抱着必死的信念。克里托自知苏格拉底很难被说服，还是尝试劝道："老师你不要让我当恶人，我能花费钱财救你出去。如果你就这样死去，我将背上骂名。"苏格拉底回答他："我们为什么要顾忌多数人的想法呢？应当得到更多关注的是那些最懂道理的人，他们会相信事实真相。"克里托又说："苏格拉底，我认为你的做法是不公正的，在能够得救的时候放弃自己的生命，像你的敌人一样加快你的命运进程，如他们所愿加速毁掉你自己。此外，我认为你辜负了你的儿子，在能够抚养和教育他们的时候，你却要离开和抛弃他们。死很轻松，而抚育孩子则是善良、勇敢的选择，这才是一个终身关注德性的人该干的事。"苏格拉底仍然不紧不慢地说："我们必须考察是否要按这种方式行事，不仅现在，而且一直以来，我不是那种随便接受建议的人，除非经过思考证明它是最好的……关于行动当然有正义和不义、可耻与光荣、善良与邪恶之分，这是我们现在正在谈论的主题，我们应当顺从和恐惧众人的意见，还是应当接受一个人的意见，假定这个人对这些事情拥有知识。"克里托不解，苏格拉底接着说："不义的行动伤害我们的某个部分、正义的行动使我们的某个部分受益。我们的这个部分要是毁坏了，那这样的生活还值得过吗……最重要的事情不是活着，而是善良地活。"克里托只好被迫接受苏格拉底的意见，因为他已经哑口无言。苏格拉底向克里托作别："那就这样吧，克里托，让我们按照这种方式行事，因为这是神为我们指引的道路。"最后，苏格拉底饮下毒酒，坦然赴死，但他对真理的追求、对西方哲学发展的影响力仍然值得被后世所颂！

参考文献

[1] 斯东．苏格拉底的审判［M］．董乐山，译．北京：三联书店，1998.

[2] 柏拉图．苏格拉底的最后日子——柏拉图对话集［M］．余灵灵，等译．上海：上海三联书店，1988.

[3] 叶秀山．苏格拉底及其哲学思想［M］．北京：人民出版社，2007.
[4] 刘兆伟．孔子与苏格拉底教育思想之比较［J］．教育评论，2002，（5）：88-90.
[5]（美）朗佩特．哲学如何成为苏格拉底式的［M］．戴晓光，彭磊，等译．北京：华夏出版社，2015.
[6] 刘丹忱．孔子的德治思想——兼与柏拉图政治思想比较研究［M］．北京：中国政法大学出版社，2018：54-55.

特立独行的启蒙哲人

——卢梭

如果不培养活泼的儿童，你就绝不能教出聪明的人来。

——《爱弥儿》

让·雅克·卢梭（Jean-Jacques Rousseau，1712—1778 年），法国 18 世纪启蒙思想家、哲学家、教育家、文学家，民主政论家和浪漫主义文学流派的开创者。卢梭既是 18 世纪启蒙运动的代表人物，又是 19 世纪浪漫主义运动的先驱者。他的一些著作与思想，不仅曾是法国资产阶级革命的武器和旗帜，也是世界人民反对封建专制制度的武器和旗帜，他充满智慧的理论，在人类思想发展史上树立了一个里程碑。卢梭在政治思想、文学等方面也是“开始一个时代”的人物，他的代表作《论人类不平等的起源和基础》《社会契约论》《爱弥儿》《忏悔录》《新爱洛伊丝》《植物学通信》等，不仅在法国引起了强烈的反响和震动，甚至在欧洲乃至世界范围内都产生了深远的影响。

卢梭提出社会契约论和人民主权，认为人与社会的关系是一个契约的关系，并提出天赋人权、人人平等的观点，这在宗教封建统治的时代无疑是巨大的反抗和斗争。卢梭出身平民，经历过坎坷和长期漂泊不定的生活，这使他亲身感受到封建专制制度下广大下层人民的苦难。他曾以仆人、随从、秘书、家庭教师、大使秘书、作家的身份出入于上流社会，目睹了贵族们的穷奢极欲、倚势欺人和官场的腐败，从内心里憎恨不合理的封建社会制度。政府作为统治者，人民作为被统治者，但人生来是自由的，之所以会接受政府的约束，正是因为契约起到了作用，国家的政治组织应该以人民的自由和平等为前提，而不是以君主的专制和压迫为前提。他主张人民应该通过社会契约，把自己的权利和自由交给整个社会，由整个社会来保障人民的权利和利益，这种观点在法国大革命后得到了广泛传播，成为西方民主政治的基石。

卢梭的教育思想，集中表现在《爱弥儿》一书中。这部书是他用20年时间思考，3年时间写成的，可以说是一部对封建教育制度的控诉书，它把批判的矛头指向封建君主和封建教育制度。由于封建专制君主知道自己的政治统治是非正义的，因此，他们非常害怕人民受教育，唯恐人民有知识并进而认清自己的权益。他们力图剥夺人民受教育的一切机会，实行严格的书籍检查制度，摧残进步思想家的著作，迫害那些主张自由和坚持真理的人，堵死人们认识真理的道路。在这种黑暗时代，教育是受教会控制、为封建专制统治服务的工具，社会上充斥着各式各样的神学废物和卢梭轻蔑地称为“科学地胡说八道”的东西。卢梭在《爱弥儿》上卷中就开宗明义地写道：“出自造物主之手的东西，都是好的，而一到了人的手里，就全变坏了。”① 卢梭认为封建教育残害人性，违反自然并提出“自然教育”的理论，主张在自然条件下，遵照儿童的本性进行教育。卢梭针对中世纪经院学校教育严重脱离实际的现象，提出重视实践作用的建议，积极主张把教育同生活实践密切结合起来。针对学校机械训练的教学方法，他主张代之以自然的新方法即“自然后果”原则。所谓“自然后果”，是对儿童所犯错误或过失不要直接加以制止或惩罚，而应该诱导他从自己所犯错误的经验中获取教训，意识到个人行为的“自然后果”，从而使他自觉地、主动地改正错误。卢梭提出遵循儿童的自然发展过程进行教育的思想；通过体育教育、感官教育、智育教育、劳动教育、道德教育使儿童的身心得到全面发展的思想；把教育同生活和实践密切联系起来的思想；教师应当以自己的良好行为为学生树立榜样的思想；实物教育和直观教学的方法相结合的思想等，都是教育史上的宝贵遗产。卢梭的教育学说是对封建教育制度和教育理论的有力批判，歌德称《爱弥儿》这部著作为“教育的自然福音”，它所论述的教育理论，在教育史上掀起了一场伟大的革命，给后人很多有益的启发。

卢梭在文学方面也贡献颇多，他的文学作品具有鲜明的个性特色。他崇尚自我，抒发感情，热爱自然，被公认为19世纪欧洲浪漫主义文学的先驱，他的很多传世之作被列入古典文学名著丛书翻译出版。书信体小说《新爱洛伊丝》还未正式出版就已在读者中传抄，在该书中，卢梭从资产阶级人道主义立场出

---

① ［法］让·雅克·卢梭. 爱弥儿［M］. 上海：上海人民出版社，2011：1.

发，提出了以真实自然的感情为基础的婚姻理想，批判了以门当户对的阶级偏见为基础的封建婚姻，并通过这个爱情悲剧对封建等级制度发出了强烈的抗议。一位德国评论家说："通过《新爱洛伊丝》的范例，18 世纪资产阶级小说才达到了一个更高的美学境界。"① 除了《新爱洛伊丝》，《忏悔录》是卢梭另一部影响巨大的作品，该书是他晚年遭到诬蔑、诽谤后被迫写的"完全按本来面目把自己表现出来"的自传。他坦率地把自己 50 年的经历如实道来，将自己的隐私公之于众，承认自己产生过卑劣念头，有过下流的行为，书中的主角成为世界上绝无仅有的一幅完全依据"本来面目和全部事实"描绘出来的人像。书中对自然美景的描绘，对坎坷经历的诉说，对内心世界的剖析，使这部自传也成为极富思想性和艺术性的文学作品，被后人看成是世界文学中的一首抒情诗，也是文学史上独树一帜的标志。

案例分析

1712 年 6 月 29 日，卢梭出生于瑞士日内瓦一个钟表匠的家庭，父亲是钟表匠，技术精湛；母亲是牧师的女儿，颇为聪明，端庄贤淑。母亲因生他难产去世，卢梭由父亲和姑妈抚养长大，比他大 7 岁的哥哥离家出走，一去不返，始终没有音信，这样，家里只剩下他一个孩子。卢梭的父亲爱好读书，这种嗜好无疑也遗传给了他，父子俩常在晚饭后互相朗读小说，每读一卷，必要读完才罢休。有时通宵达旦地读，父亲听到早晨的燕雀叫了，才很难为情地说："我们去睡吧，我简直比你还孩子气呢。"卢梭日复一日地读书，7 岁的卢梭就将家里的书籍遍览无余。他还外出借书阅读，如勒苏厄尔著的《教会与帝国历史》、包许埃的《世界通史讲话》、普鲁塔克的《名人传》、那尼的《威尼斯历史》等，他都阅读过。由于这些历史人物的影响和他父亲的谆谆教诲，卢梭深深体会到了自由思想和民主精神的可贵。他既有父亲的爱国血统，又以这些伟人为榜样，甚至言行之间常把自己比作那些历史中的人物。有一天，他在桌旁叙说斯契瓦拉的事迹，在座的人全都很惊讶地看到卢梭走上前去，把手放在熊熊燃烧的炉火之上，来表演斯契瓦拉的英雄壮举，这种早熟早慧的表现，正是卢梭特有天资的最初显露。

---

① 刘卫伟. 卢梭·思想家卷［M］. 呼和浩特：远方出版社，2006：162.

参考文献

[1] Jean-Jacques Rousseau. Emile Or, On Education [M]. Translated by Allan Bloom. Basic Books, 1979.

[2] 卢梭. 爱弥儿. 论教育 (上、下) [M]. 李平沤, 译. 北京: 商务印书馆, 2009.

[3] 卢梭. 忏悔录 [M]. 范希衡, 译. 北京: 人民文学出版社, 2016.

[4] 卢梭. 社会契约论 [M]. 李平沤, 译. 北京: 商务印书馆, 2011.

[5] 吴式颖, 李明德. 外国教育史教程 [M]. 3 版. 北京: 人民教育出版社, 2015.

[6] 王坤庆. 对卢梭教育思想的再认识 [J]. 教育研究与实验, 2010 (2): 2、3.

[7] 郑国凤, 代润英. 从《爱弥儿》看卢梭女子教育的目的及其思想根源 [J]. 中国成人教育, 2010 (18): 129、130.

现代教育学之父

——赫尔巴特

道德普遍地被认为是人类的最高目标，因此也是教育的最高目标

——《赫尔巴特文集·第四卷》

赫尔巴特（Johann Friedrich Herbart，1776—1841年），近代德国著名的哲学家、心理学家和教育学家。他以伦理学和心理学为基础，提出了一个较为完整的教育思想体系，奠定了科学教育学的基础，对近代欧美的中等教育、教师教育实践和教育理论的发展产生了深远影响。在世界教育史上被誉为“现代教育学之父”“教育科学之父”“科学教育学的奠基人”。

赫尔巴特以伦理学为基础，提出了“训育”（Zucht）等道德教育理论。在赫尔巴特的教育理论中，最为重要的内容就是道德教育，他曾说：“我们可以将教育唯一的任务和全部的任务概括为这样一个概念：道德”①。赫尔巴特认为，道德教育的目的就是要养成内心自由、完善、仁慈、正义和公平五个道德观念，而要达到这五个道德观念，就必须遵循“教育性教学原则”。他强调：“不存在‘无教学的教育’这个概念，正如反过来，我不承认有任何‘无教育的教学’一样”②，换句话说，赫尔巴特认为道德教育必须通过教学才能实施。因此，赫尔巴特主张，要通过“儿童管理”，预防恶行的产生，为以美德形成为目标的

---

① 约翰·弗里德里希·赫尔巴特．赫尔巴特文集4：教育学卷二［M］．李其龙，郭官义，等译．杭州：浙江教育出版社，2002：177.

② 约翰·弗里德里希·赫尔巴特．赫尔巴特文集3：教育学卷一［M］．李其龙，郭官义，等译．杭州：浙江教育出版社，2002：12.

"训育"教学创造必要条件。所谓训育，就是有目的地对儿童进行道德判断、道德热情、道德决定和道德自制四个阶段的培养，使儿童形成性格的道德力量。"训育"的基本方法包括：维持的训育、起决定作用的训育、调节的训育、抑制的训育、道德的训育和提醒的训育六种。其中，维持的训育作用在于，让儿童巩固在儿童管理中已经取得的成果；起决定作用的训育，主要是让儿童具备对自己行为负责的经验；调节的训育是让儿童寻找和反思以往经历的内在联系；抑制的训育在于让儿童克服冲动，保持头脑清晰；道德的训育是以之前的训育为基础，向儿童说明真理，进行道德培养；提醒的训育就是为了提醒儿童，并帮助纠正其错误。

赫尔巴特以心理学为依据，提出了较为系统的课程理论和教学理论。赫尔巴特是西方历史上第一位把心理学作为一门独立学科加以研究的思想家，根本原因在于，他想将自己的教育学体系建立在心理学基础之上。为此，他投入了大量心血系统研究统觉、兴趣、注意等心理学问题。在课程理论上，赫尔巴特主张在设置课程时，要和儿童的经验、兴趣相联系，针对不同种类的兴趣设置不同的课程，以此激发儿童的兴趣，使儿童保持意识警觉状态。在课程安排时，应当遵循统觉原理，让儿童不断地从熟悉的材料逐渐过渡到不熟悉的材料。在课程的程序上，要依据儿童的年龄划分和心理发展，设置不同的教授内容，以发展不同的能力，如婴儿期（0~3 岁）当以身体养护为主，同时加大感官训练；幼儿期（4~8 岁）教授《荷马史诗》等内容，以发展儿童想象力；童年期和青年期教授数学、历史等内容，以发展儿童的理性。在教学理论上，赫尔巴特主张，要依据统觉"感官刺激、新旧观念分析与联合、统觉团形成"三个环节，分别使用单纯提示教学、分析教学和综合教学三种教学方法，由此形成一种"教学进程"。与此同时，赫尔巴特依据兴趣活动"注意、期待、要求、行动"的四个阶段，提出了包含明了、联合、系统、方法四个阶段的教学形式阶段理论。该教学阶段理论建立了一种明确的、规范化的教学模式，标志着教学过程理论的形成，具有广泛的实践意义，对 19 世纪末期至 20 世纪初期的欧美乃至世界范围内的许多国家和地区的师范教育发展产生了重要影响。

总之，赫尔巴特的教育学说，不仅对德国教育实践和理论发展起了推动作用，还对德国以外的许多国家和地区的教育产生了较大影响。1868 年，研究和传播赫尔巴特理论的科学教育协会在莱比锡大学成立，此后德国其他地区以及美国等地也纷纷建立了类似的机构或组织，一时间形成了"赫尔巴特学派"。1901 年，留日归国的王国维创办《教育世界》，他不仅在该杂志中专门刊登过赫尔巴特（当时杂志中译文海尔巴脱）的肖像，更是重点介绍和导入了赫尔巴特的教育学说。此后，国内学者开始关注赫尔巴特（有时也译作海鲁伯尔），并对其学说及学派进行译介和推广。虽然，赫尔巴特及其学派教学理论在中国的传播一度受到杜威、凯洛夫教育思想的冲击，但他对20世纪初期的中国师范教育、兴学堂等教育实践及教育观念变革等所起的推动作用，对世界近代教育发展产生的重要影响却是客观存在的。

案例分析

赫尔巴特，于1776年出生于德国奥尔登堡的一个司法官家庭。赫尔巴特幼年时曾不幸跌入沸水中，因此，他童年时期的身体孱弱，从小跟着母亲学习阅读和书写，跟着家庭教师于尔岑（Ültzen）学习语言、哲学、历史、地理等学科。1788年，赫尔巴特进入奥尔登堡拉丁语学校学习，1794年毕业后前往耶拿大学，跟随费希特学习，但未完成学业。1797年，按照母亲的意愿，赫尔巴特到瑞士的一个贵族家庭——总督斯特格尔（Steiger）的家里当了三年的家庭教师，其间结识了裴斯泰洛齐，并成为第一个在德国用文字传播裴斯泰洛齐教育思想的人。1800年，赫尔巴特回到奥尔登堡，1802年移居哥廷根，通过了哥廷根大学的博士学位考试，并获得了教授备选资格，正式开始了他的大学教学生涯。赫尔巴特非常努力地讲好自己的课，很快便有人注意到他，其影响也越来越大，三年后海德堡大学向他发出担任教授的邀请，但他婉言谢绝，并继续在哥廷根大学担任副教授。1806年，他发表了《普通教育学》，1808年发表《一般实践哲学》，1809年离开哥廷根，前往科尼斯堡大学，接任该校康德哲学教席。在职期间他颇受学生欢迎，每每讲学之时，教室座无虚席，他在该大学度过了25年，该时期也是他学术生涯的高峰，出版了《心理学教科书》《论数学应用于心理学的可能性与必要性》等心理学著作，其间他还参与了普鲁士学校改革，创办了教学论研究所、教育研究所，举办了教师培养研讨班和附属实验学校。1833年，赫尔巴特重新回到哥廷根大学执教，1837年，威廉四世去世，新国王继位后决定撤销1819年带有民主主义色彩的宪法，哥廷根大学七名教师联名抗议国王这一行动，当时身为哲学院院长的赫尔巴特未加入签名者行列，并在这七名教授被国王开除后避免与他们来往，这引起了广大学生的不满，并开始抵制他的课，对此他写了《对哥廷根危机的回忆》，希望死后发表。此后，他的精力开始衰退，1841年8月，赫尔巴特去世。

参考文献

[1] (德) 赫尔巴特. 普通教育学 [M]. 李其龙，译. 北京. 人民教育出版社，2015.
[2] (德) 赫尔巴特. 教育学讲授纲要 [M]. 李其龙，译. 北京. 人民教育出版社，2015.
[3] (德) 赫尔巴特. 赫尔巴特文集 (第四卷) [M]. 李其龙等，译. 杭州. 浙江教育出版社，2002.
[4] 彭正梅，(德) 本纳. 赫尔巴特教育论著精选 [M]. 李其龙，等译. 杭州. 浙江教育出版社，2011.
[5] G. Weiss. Biography of Johann Friedrich Herbart [M]. Langensalza, 1926.
[6] 吴式颖，李明德. 外国教育史教程 [M]. 北京. 人民教育出版社，2015.

现代教育学的代言人

——杜威

教师总是真正上帝的代言者，真正天国的引路人。

——杜威

约翰·杜威（John Dewey，1859—1952年），美国著名哲学家、教育家、心理学家、实用主义的集大成者，也是机能主义心理学和现代教育学的创始人之一。杜威的思想曾对20世纪前期的中国教育界、思想界产生过重大影响，也曾到访中国，见证了五四运动并与孙中山会面，培养了包括胡适、冯友兰、陶行知、郭秉文、张伯苓、蒋梦麟等一批国学大师和学者。杜威是20世纪上半叶美国著名的学者之一，2006年12月，美国知名杂志《大西洋月刊》将杜威评为"影响美国的100位人物"第40名，《美国百科全书》中的"杜威"条目说："杜威是美国有史以来最著名的教育家，无论在国内或者国际都是如此。"① 杜威的一生勤于学习、勇于探索，他把哲学、心理学等学科知识用于教育学的研究和实践中，为世人构建了实用主义教育理论体系，对现代教育教学改革产生了重大影响。

杜威一生都在探索"现代教育"，他提出"教育即生活，教育即生长，教育即经验改造"，这三个命题标示出杜威的教育观是不同于以往任何教育家的教育学说的。以下展开具体论述：第一，杜威认为，教育是生活的过程，学校是社会生活的一种形式。因此，学校生活应与儿童自己的生活相契合，满足儿童

① 蒋梦麟．杜威先生之教育演讲［J］．教育周刊（时报附章），1919（11）．

的兴趣和需要，让儿童在现实的学校生活中得到快乐。不仅如此，学校生活还应该与学校外的生活相契合，学校不应该是世外桃源，教育不应该脱离社会。他提出，“学校即社会”，但这里的社会是一种合乎儿童发展的雏形社会，是经过净化、选择后的社会生活，这就要求必须改革学校课程。“学校即社会”是杜威“教育即生活”的进一步引申，从“教育即生活”到“学校即社会”再到课程改革体现了教育之间层层递进的关系。第二，杜威认为当时的教育忽略儿童天性，不从儿童的兴趣出发，必须进行改变。因此，他提出“教育即生长”的命题，要求摒除压抑、阻碍儿童自由发展之物，使一切教育和教学适合儿童心理发展水平。“教育即生长”是杜威的儿童观，也是其民主思想的反映。第三，杜威提出了“教育即经验改造”的观点，认为要克服理性与经验的对立，要拓宽经验的外延，强调经验过程中人的主动性。杜威是当时传统教育的改造者，是新教育的拓荒者，他提倡从儿童的天性出发，促进儿童的个性发展。他从实用主义经验论和机能心理学出发，批判了传统的教育观念，就教育本质提出了“教育即生活”和“学校即社会”的基本教育观点，给当时的美国带来了一场浩大的教育理念革命。

杜威的思想、学说确实也曾影响过中国的学术界人士，而中国的社会变革和悠久的文化传统也深深地影响并感染了杜威，古老中国的“新”与“旧”、传统与现代的交锋给他带来了丰富而深刻的启示。杜威的女儿就曾说：“不管杜威对中国的影响如何，杜威在中国的访问对他自己也具有深刻的和持久的影响……以致对他的学术上的热情起了复兴的作用。”① 事实也正是如此。杜威在中国考察和讲学期间受到了知识界、舆论界和当局的热烈欢迎，这令杜威一行感到十分愉快。1921 年 6 月 30 日，在欢送杜威夫妇及女儿的饯行宴会上，杜威说了一番饱含深情的话：“这两年，是我生活中最有兴味的时期，学得也比什么时候都多……我向来主张东西文化的汇合，中国就是东西文化的交点。”② 曾随杜威一起访华的女儿露西·杜威在访华 46 年后说：“（在中国访问的）那两年是我一生中最丰富多彩和最令人愉快的，对我的父母来说也同样如此”；另一个女儿简·杜威在《杜威传》中说：“杜威不仅对同他密切交往过的那些学者，而且对中国人民，表示了深切的同情和由衷的敬佩。中国仍然是杜威所深切关心的国家，仅次于他自己的国家。”由此说明，在中西方文化交流过程中，国与

① ［美］简·杜威．杜威传（修订版）［M］．合肥：安徽教育出版社，2009：200-203.
② ［美］简·杜威．杜威传（修订版）［M］．合肥：安徽教育出版社，2009：255-260.

国、人与人之间可以互相学习，互相影响，取长补短，共同进步，杜威的中国之行即是一个最有力的佐证。

杜威是一位以解决社会问题为己任的哲学家，他的实用主义哲学以社会作为研究范畴，反复强调民主主义与教育的关系，要求人类认识自己生活在“集体化时代”，当前主要是“创造一种新的个人主义”。杜威及其实用主义教育学不仅对中国现代教育理论的形成和教育学科的构建产生了深远影响，而且对中国现代教育观念、教育思想、教育思潮和教育教学改革实践产生了积极的作用。杜威对中国的教育事业十分关心，他在历次讲演中提出了许多意见，与中国学者一起探索中国发展教育的正确道路。

案例分析

约翰·杜威出生于1859年，他的父亲阿奇博尔德是个小商人，母亲卢西娜·里琦比他的父亲小20岁，是个地方法官之女。在母亲严格的家庭教育下，杜威度过了幼儿时代。1872年，杜威进入伯灵顿的一所中学接受中等教育，由于天资聪明、学习认真，他仅用三年的时间就完成了四年的中学课程。1875年，杜威进入佛蒙特大学（University of Vermont）读书，在大学期间受到哲学教授托里（H. A. P. Torrey）的影响，萌发了今后从事哲学研究的想法。杜威曾回忆说：“托里是一位优秀的教师，我的成长应该归功于他对我的双份恩惠：一是他使我的思想明确地转向了把哲学研究作为终生的职业；二是在那一年里他用了大量的时间对我进行指导，我开始专心于哲学史方面经典著作的阅读，并学习富有哲理性的德国哲学著作。”① 1879年，杜威以全班第二名的优异成绩从大学毕业，获得了文学士学位，并成为美国大学优秀生联谊会会员。大学毕业后，杜威分别在宾夕法尼亚州石油城中学（1879—1881年）以及佛蒙特州伯灵顿镇夏洛特村莱克维尤高级中学（1881—1882年）任教。虽在石油城中学教书，但他仍继续保持对哲学研究的兴趣，“在教学之外，杜威潜心思考哲学问题，阅读了大量的哲学著作，尤其是德国古典哲学著作。”② 在家乡莱克维尤高中任教时，杜威的教学任务不重，这让他有更多的时间与托里教授面对面交流。除了

① 杜祖贻．杜威论教育与民主主义［M］．陈汉生，洪光磊译．北京：人教育出版社，2003：12-15.
② ［美］简·杜威．杜威传（修订版）［M］．合肥：安徽教育出版社，2009：301-305.

与托里讨论哲学问题之外，他们还多次谈论到自己的前程问题。其实，初为人师的杜威教学“笨手笨脚”，效果并不好，“由于杜威年轻，又没有接受过专门的教学训练，也缺乏实际的教学经验，所以最初的教书生涯不尽如人意。”① 因此，托里建议杜威：“不应该继续在中学教书……应该把哲学当作自己一生的事业。”托里让杜威把哲学作为自己未来的事业，这在当时的确是非常大胆的，因为在此之前，几乎所有的美国哲学教授都是神职人员。听了托里的意见之后，杜威最终清醒地意识到，“他并不适合在中小学教书”。“在经过一番仔细考虑之后，杜威接受了托里的建议，并很快制定了在约翰·霍普金斯大学攻读研究生的计划。”② 1882 年 9 月，杜威进入约翰·霍普金斯大学深造，并取得了丰硕的成果，于 1884 年获得约翰·霍普金斯大学哲学博士学位。

1884—1888 年、1890—1894 年期间，杜威在美国密歇根大学任教（1889 年曾短期在明尼苏达大学教授哲学）。1894 年夏，杜威担任芝加哥大学哲学、心理学和教育学系主任，开始形成其哲学思想。他认为当时的教育方法与儿童的心理不协调，决定将其哲学和教育理论付诸实践。1895 年秋天，芝加哥大学拨款 1000 美元建立了杜威期盼已久的教育学实验室。1896 年 1 月，杜威在芝加哥大学开办了“芝加哥大学实验学校”，该校通常被称为“杜威学校”（Dewey School），它为杜威建构自己的教育思想体系打下了必要的基础……杜威开始形成了具有特色的教育思想。1904 年，杜威转到哥伦比亚大学任教，一直到 1930 年退休。在哥伦比亚大学任教期间，他先后赴日本（1919 年）、中国（1919—1921 年）、土耳其（1924 年）、墨西哥（1926 年）和苏联（1928 年）等国访问讲学、考察教育状况、宣传实用主义教育思想。特别值得一提的是杜威在中国的访问，他本来打算在中国待两三个月，结果一留再留，在中国待了两年三个月又三天，做了 200 多场演讲。杜威在中国各地的讲演内容十分广泛，其中，社会与政治哲学方面的讲演 16 次、教育哲学方面的讲演 16 次、伦理学方面的讲演 15 次、思维类型的讲演 8 次、现代三大哲学家（詹姆士、柏格森、罗素）的讲演 3 次，此外，还有关于现代教育趋势、美国民主政治的发展、实验逻辑等系列讲演。杜威在中国各地巡回讲学，系统地宣传了实用主义哲学，由于该学说满足和适应了五四思想解放的时代需要和中国经济发展与教育改革的现实需要，因而在中国知识界产生了极大的反响，引起了人们强烈的兴趣，

---

① ［美］简·杜威. 杜威传（修订版）［M］. 合肥：安徽教育出版社，2009：45-47.

② ［美］简·杜威. 杜威传（修订版）［M］. 合肥：安徽教育出版社，2009：121-124.

成为广泛流行于思想文化界和教育界的一股热潮，杜威也理所当然成为舆论界关注的焦点，成为受知识界一致欢迎的外国思想家和教育家。因此，杜威在近代中国知识界被誉为“美国教育大家”“世界思想领袖”，他充当了中美两国之间的“文化大使”，把美国的民主理念和实践介绍给中国，也将中国寻求国际支持和民族独立的民意传达给美国，成为两个国家交流经验的关键人物。

参考文献

[1] John Dewey. Democracy And Education [M]. Free Press, 1997.

[2] 杜威. 民主主义与教育 [M]. 北京：人民教育出版社，2001.

[3] 王承绪，赵祥麟. 西方现代教育论著选 [M]. 北京：人民教育出版社，2001：155.

[4] 顾红亮. 杜威“教育即生活”观念的中国化诠释 [J]. 教育研究，2019 (4)：22-27.

[5] 赵康. 胡适对杜威教育思想的吸收和转化——以杜威访华时期为中心 [J]. 北京大学教育评论，2019 (2)：91-108.

[6] 单中惠. “从做中学”新论 [J]. 华东师范大学学报（教育科学版），2002 (3)：80-82.

[7] 孔锴，孙启林. 试论杜威的公民教育思想 [J]. 外国教育研究，2008 (9)：88-91.

政策篇

习近平总书记关于教育的重要论述

党的十八大以来，习近平总书记在领导全国各族人民推进党和国家事业发展的伟大实践中，立足世界发展大势和国家发展全局，着眼民族复兴伟大梦想，紧紧围绕培养什么人、怎样培养人、为谁培养人的根本问题，牢牢把握立德树人的根本任务，做出了一系列有关教育改革发展的重要论述。习近平总书记教育重要论述是我国教育改革与发展的理论基础与实践指南，是新时代建设教育强国的根本遵循。

一、时代背景

党的十八大以来，习近平总书记对教育事业高度重视，多次到各级各类学校考察并同师生座谈，审议通过一系列涉及教育改革发展的方案，对推进教育改革发展提出一系列重要论断。2018 年 9 月 10 日，中共中央召开新时代第一次全国教育大会，习近平总书记发表重要讲话，系统总结和深刻阐述了中国教育改革发展实践中形成的新理念、新思想和新观点。这次大会对中国教育改革发展具有里程碑意义，开启了加快教育现代化、建设教育强国、办好人民满意教育的新征程。

习近平总书记教育重要论述是在深刻洞悉全球发展大势，着力把握世界教育发展格局的背景下形成的。当今世界正经历新一轮大发展、大变革、大调整，各国综合国力竞争日趋激烈，人才培养与争夺成为焦点。如何构建现代教育体系，培养大批符合时代发展需求的创新型人才，已成为人类共同面临的重大课题。当今世界教育也正在发生革命性的变化，教育模式、形态、内容、学习方式都在发生深刻变革。

习近平总书记教育重要论述是在中国特色社会主义进入新时代、中国教育发展面临新任务新要求的背景下形成的。新时代之“新”，在于我国进入了新的发展阶段，中华民族迎来了从站起来、富起来到强起来的伟大飞跃；在于党的理论创新实现了新的与时俱进，在马克思主义中国化进程中具有鲜明时代特色；在于我们面临着新的社会主要矛盾，即人民日益增长的美好生活需要和不平衡不充分的发展之间的矛盾；在于我们迈向了新的奋斗目标，开启全面建设社会主义现代化国家新征程。进入新时代，中国正加快建设创新型国家、经济强国、文化强国，正积极推动构建人类命运共同体，这就要求教育必须着眼未来，充分发挥教育的积极功能，为经济社会发展和创造人类美好未来做出新的更大的贡献。

习近平总书记教育重要论述是在全面总结中国教育改革发展历史经验、着力破解现实问题的背景下形成的。新中国成立以来特别是改革开放以来，我国教育改革发展取得了举世瞩目的伟大成就，建成了世界最大规模的教育体系，走出了一条中国特色社会主义教育发展道路。但我国教育发展也面临一些现实问题，如教育发展不平衡不充分，素质教育尚未得到充分发展，教师队伍建设尚不能满足教育现代化需要，政府为主、全社会共同投入教育的机制还不健全，教育治理能力现代化水平有待提高等。

二、科学内涵

习近平总书记教育重要论述的科学内涵，主要体现在“九个坚持”上，一是在政治保证方面要坚持党对教育事业的全面领导；二是在目标任务方面要坚持把立德树人作为根本任务；三是在战略地位方面要坚持优先发展教育事业；四是在发展方向方面要坚持社会主义办学方向；五是在发展道路方面要坚持扎根中国大地办教育；六是在价值立场方面要坚持以人民为中心发展教育；七是在发展动力方面要坚持深化教育改革创新；八是在发展使命方面要坚持把服务中华民族伟大复兴作为教育的重要使命；九是在队伍建设方面要坚持把教师队伍建设作为基础工作。

三、重大意义

习近平总书记教育重要论述，内涵丰富、思想深邃，是习近平新时代中国特色社会主义思想的重要组成部分，是习近平新时代中国特色社会主义思想的

“教育篇”。

习近平总书记教育重要论述开拓了马克思主义教育思想的新境界。从根本上阐明了习近平新时代中国特色社会主义教育发展方向、道路、方针、原则等一系列根本性问题，以全新视野深化了对社会主义建设规律、教育发展规律、人才培养规律的认识，标志着中国特色社会主义教育理论发展达到了新高度。

习近平总书记教育重要论述为加快推进教育现代化、建设教育强国、办好人民满意的教育提供了行动指南。科学规划了加快推进教育现代化、建设教育强国的现实路径和行动方略，勾勒了新时代实现教育现代化、建设教育强国的路线图。

四、主要内容

（一）论政治保障：党对教育事业的全面领导

坚持党对教育工作的全面领导是办好教育的根本保证。党的领导地位是历史和人民的选择，是由我国宪法明文规定的。中国共产党领导是中国特色社会主义最本质的特征，是中国特色社会主义制度的最大优势。中国共产党是中国特色社会主义事业的坚强领导核心，是最高政治领导力量。要从根本上保证中国特色社会主义不变质、不变色，就必须毫不动摇地坚持中国共产党领导。

2012 年 11 月，习近平总书记在十八届中央政治局第一次集体学习时讲话强调，“中国共产党是中国特色社会主义事业的领导核心，所以必须加强和改善党的领导，充分发挥党总揽全局、协调各方的领导核心作用”。2014 年 1 月，习近平总书记在十八届中央纪委三次全会上的讲话强调，党是我们各项事业的领导核心，在当代中国，如果没有党的领导，古人讲的“六合同风，九州共贯”是做不到的。2018 年 3 月，习近平总书记在十三届全国人大一次会议上强调，“东西南北中，党政军民学，党是领导一切的”。

习近平总书记强调，做好教育工作，加强党的领导是根本保证。2018 年 9 月，习近平总书记在全国教育大会上强调，“在党的坚强领导下，全面贯彻党的教育方针，坚持马克思主义指导地位，坚持中国特色社会主义教育发展道路，坚持社会主义办学方向，立足基本国情，遵循教育规律，坚持改革创新，以凝聚人心、完善人格、开发人力、培育人才、造福人民为工作目标，培养德智体美劳全面发展的社会主义建设者和接班人，加快推进教育现代化、建设教育强国、办好人民满意的教育”。

只有坚持党对教育事业的全面领导，才能在更高水平上实现教育战线思想上的统一、政治上的团结、行动上的一致，才能确保教育事业发展的正确方向，才能坚定走好中国特色社会主义教育发展道路。

坚持党对教育工作的全面领导，注重三个方面的“全面”内涵。

一是领导内容的全面性。党在教育事业中的政治领导要保证学校正确的办学方向，全面贯彻党的教育方针，在政治立场、政治方向、政治原则、政治道路上同党中央保持高度一致，增强“四个意识”、坚定“四个自信”、做到“两个维护”。

二是领导范围的全覆盖。虽然基础教育、高等教育、职业教育等各类教育职责不同，但都应坚持以中国共产党的领导为核心。

三是领导体系的全方位。党对教育事业的全面领导要体现在办学治校各领域、教育教学各环节、人才培养各方面。

坚持党对教育工作的全面领导，就必须全面加强和改进教育系统党的建设。教育系统党建是党的建设新的伟大工程的重要组成部分，在建设中要以政治建设为统领，全面推进党的政治建设、思想建设、组织建设、作风建设、纪律建设，把制度建设贯穿其中，深入推进反腐败斗争。

（二）论根本任务：坚持立德树人

1. 立德树人是中国特色社会主义教育事业的根本任务

教育是立德树人的事业，立德树人关乎党的事业后继有人，关乎国家前途命运。习近平总书记强调，立德树人是中国特色社会主义教育事业的根本任务。

2023 年 5 月，习近平总书记在二十届中央政治局第五次集体学习时的讲话强调，“我们要建设的教育强国，是中国特色社会主义教育强国，必须以坚持党对教育事业的全面领导为根本保证，以立德树人为根本任务，以为党育人、为国育才为根本目标，以服务中华民族伟大复兴为重要使命，以教育理念、体系、制度、内容、方法、治理现代化为基本路径，以支撑引领中国式现代化为核心功能，最终是办好人民满意的教育”。为此，培养担当民族复兴大任的时代新人，必须坚持把立德树人作为根本任务。

2018 年 5 月，习近平总书记在北京大学师生座谈会上讲话强调“‘才者，德之资也；德者，才之帅也。’人才培养一定是育人和育才相统一的过程，而育人是本。人无德不立，育人的根本在于立德，这是人才培养的辩证法。办学就要尊重这个规律，否则就办不好学。要把立德树人的成效作为检验学校一切工作的根本标准，真正做到以文化人、以德育人，不断提高学生思想水平、政治觉悟、道德品质、文化素养，做到明大德、守公德、严私德。要把立德树人内化到学校建设和管理各领域、各方面、各环节，做到以树人为核心，以立德为根本”。

2. 社会主义核心价值观是当代中国精神的集中体现

社会主义核心价值观其实就是一种德，既是个人的德，也是国家的德、社会的德。社会主义核心价值观是立国之基、民族之魂。2017 年 10 月，习近平总书记在中国共产党第十九次全国代表大会上明确指出："社会主义核心价值观是当代中国精神的集中体现，凝练着全体人民共同的价值追求。"

2018 年 9 月，习近平总书记在全国教育大会上讲话强调，加强品德教育，既有个人品德的小德，也有社会公德、热爱祖国和人民的大德。要坚持教育引导学生培育和践行社会主义核心价值观，做到品德润身、公德善心、大德铸魂。要加强对学生的法治教育，使学生养成遵纪守法的良好习惯。要教育引导学生从做好小事、管好小节开始起步，踏踏实实修好品德，学会感恩、学会助人，学会谦让、学会宽容，学会自省、学会自律，成为有大爱大德大情怀的人。

2019 年 4 月 30 日，习近平总书记在纪念五四运动 100 周年大会上讲话强调，"新时代中国青年要自觉树立和践行社会主义核心价值观，善于从中华民族传统美德中汲取道德滋养，从英雄人物和时代楷模的身上感受道德风范，从自身内省中提升道德修为，明大德、守公德、严私德，自觉抵制拜金主义、享乐主义、极端个人主义、历史虚无主义等错误思想，追求更有高度、更有境界、更有品位的人生，让清风正气、蓬勃朝气遍布全社会"！

社会主义核心价值观把涉及国家、社会、公民的价值要求融为一体，既体现了社会主义本质要求，继承了中华优秀传统文化，也吸收了世界文明有益成果，体现了时代精神。一个民族、一个国家的核心价值观必须同这个民族、这个国家的历史文化相契合，同这个民族、这个国家的人民正在进行的奋斗相结合，同这个民族、这个国家需要解决的时代问题相适应。社会主义核心价值观明确回答了我国要建设什么样的国家、建设什么样的社会和培育什么样的公民的重大问题。

3. 把培育和践行社会主义核心价值观融入国民教育体系

教育引导是培育和践行社会主义核心价值观的基本途径，教育是塑造灵魂、塑造生命、塑造人的工作，任何教育都内在地具有价值观引领的作用。将社会主义核心价值观贯穿国民教育全过程，融入教育教学各方面，这是新时代中国特色社会主义教育的本质要求。

2014 年 5 月，习近平总书记在北京大学师生座谈会上讲话强调，核心价值观承载着一个民族、一个国家的精神追求，是最持久、最深层的力量。广大青年要从现在做起，从自己做起，勤学、修德、明辨、笃实，使社会主义核心价值观成为自己的基本遵循，并身体力行大力将其推广到全社会去，努力在实现中国梦的伟大实践中创造自己的精彩人生。

4. 把培养社会主义建设者和接班人作为根本目标

2023 年 5 月，习近平总书记在二十届中央政治局第五次集体学习时的讲话强调，“培养什么人、怎样培养人、为谁培养人是教育的根本问题，也是建设教育强国的核心课题。我们建设教育强国的目的，就是培养一代又一代德智体美劳全面发展的社会主义建设者和接班人，培养一代又一代在社会主义现代化建设中可堪大用、能担重任的栋梁之才，确保党的事业和社会主义现代化强国建设后继有人”。

马克思主义关于人的全面发展的思想是我国教育方针的理论基础。2018 年 9 月，习近平总书记在全国教育大会上，阐明了培养德智体美劳全面发展的社会主义建设者和接班人这一教育的根本目标。习近平总书记强调，培养什么人，是教育的首要问题。古人云：“国有贤良之士众，则国家之治厚；贤良之士寡，则国家之治薄。”我国是中国共产党领导的社会主义国家，这就决定了我们的教育必须把培养社会主义建设者和接班人作为根本任务，培养一代又一代拥护中国共产党领导和我国社会主义制度、立志为中国特色社会主义事业奋斗终身的有用人才。我们的教育绝不能培养社会主义破坏者和掘墓人，绝不能培养出一些“长着中国脸，不是中国心，没有中国情，缺少中国味”的人！那将是教育的失败。教育的失败是一种根本性失败。我们绝不能犯这种历史性错误！这是推进教育现代化、建设教育强国必须把握的大是大非问题，没有什么可隐晦、可商榷、可含糊的。

浇花浇根，育人育心。我们讲不忘初心、牢记使命，推进教育现代化不能忘记初心，要健全全员育人、全过程育人、全方位育人的体制机制，不断培养一代又一代社会主义建设者和接班人。这是教育工作的根本任务，也是教育现代化的方向目标。培养社会主义建设者和接班人，不可能一帆风顺，而是需要付出艰苦努力才能完成的任务。社会主义建设者和接班人应该如何培养，习近平总书记要求各级各类教育要在坚定理想信念上、在厚植爱国主义情怀上、在加强品德修养上、在增长知识见识上、在培养奋斗精神上，在增强综合素质上下功夫。

（三）论战略地位：坚持优先发展教育事业

1. 教育是国之大计、党之大计

教育兴则国家兴，教育强则国家强。2018 年 9 月，习近平总书记在全国教育大会上指出，“党的十九大从新时代坚持和发展中国特色社会主义的战略高度，作出了优先发展教育事业、加快教育现代化、建设教育强国的重大部署。教育是民族振兴、社会进步的重要基石，是功在当代、利在千秋的德政工程，对提高人民综合素质、促进人的全面发展、增强中华民族创新创造活力、实现中华民族伟大复兴具有决定性意义。教育是国之大计、党之大计”。坚持把优先发展教育事业作为推动党和国家各项事业发展的重要先手棋，不断使教育同党和国家事业发展要求相适应、同人民群众期待相契合、同我国综合国力和国际地位相匹配。

2022 年 10 月，习近平总书记在中国共产党第二十次全国代表大会上的报告中强调，“我们要坚持教育优先发展、科技自立自强、人才引领驱动，加快建设教育强国、科技强国、人才强国，坚持为党育人、为国育才，全面提高人才自主培养质量，着力造就拔尖创新人才，聚天下英才而用之”。

2023 年 5 月，习近平总书记在二十届中央政治局第五次集体学习时讲话强调，“建设教育强国是全党全社会的共同任务，各级党委和政府要始终坚持教育优先发展，在组织领导、发展规划、资源保障、经费投入上加大力度。学校、家庭、社会要紧密合作、同向发力，积极投身教育强国实践，共同办好教育强国事业”。

2. 教育是民族振兴、社会进步的重要基石

习近平总书记一贯站在经济、社会发展战略的高度来思考教育问题。早在福建工作期间就指出，“经济靠科技、科技靠人才、人才靠教育。教育发达—科技进步—经济振兴是一个相辅相成、循序递进的统一过程，其基础在于教育。”

2014 年 9 月，习近平总书记在同北京师范大学师生代表座谈时讲话指出，“教育是提高人民综合素质、促进人的全面发展的重要途径，是民族振兴、社会进步的重要基石，是对中华民族伟大复兴具有决定性意义的事业”。

一方面教育可以为民族振兴和社会进步提供人才支撑。2023 年 4 月，习近平总书记在广东考察时讲话强调，要加强教育和人才培养，夯实科技自立自强根基。2023 年 5 月，习近平总书记在二十届中央政治局第五次集体学习时讲话指出，“建设教育强国、科技强国、人才强国具有内在一致性和相互支撑性，要

把三者有机结合起来、一体统筹推进，形成推动高质量发展的倍增效应。进一步加强科学教育、工程教育，加强拔尖创新人才自主培养，为解决我国关键核心技术攻关提供人才支撑。系统分析我国各方面人才发展趋势及缺口状况，根据科学技术发展态势，聚焦国家重大战略需求，动态调整优化高等教育学科设置，有的放矢培养国家战略人才和急需紧缺人才，提升教育对高质量发展的支撑力、贡献力。统筹职业教育、高等教育、继续教育，推进职普融通、产教融合、科教融汇，源源不断培养高素质技术技能人才、大国工匠、能工巧匠”。

另一方面，教育可以为民族振兴和社会进步提供创新动力。创新是第一动力。2022 年 10 月，习近平总书记在中国共产党第二十次全国代表大会上的报告中强调，“教育、科技、人才是全面建设社会主义现代化国家的基础性、战略性支撑。必须坚持科技是第一生产力、人才是第一资源、创新是第一动力，深入实施科教兴国战略、人才强国战略、创新驱动发展战略，开辟发展新领域新赛道，不断塑造发展新动能新优势”。2020 年 9 月，习近平总书记在科学家座谈会上讲话强调，“加强创新人才教育培养。人才是第一资源。国家科技创新力的根本源泉在于人。十年树木，百年树人。要把教育摆在更加重要位置，全面提高教育质量，注重培养学生创新意识和创新能力”。

（四）论发展方向：坚持社会主义办学方向

方向决定道路，道路决定命运。坚持什么样的办学方向，关系教育事业兴衰成败和社会主义现代化建设全局。习近平总书记围绕办学方向问题旗帜鲜明地提出，教育要坚持以马克思主义为指导，坚持为人民服务，为中国共产党治国理政服务，为巩固和发展中国特色社会主义制度服务，为改革开放和社会主义现代化建设服务。这些论述深刻回答了新时代办好中国特色社会主义教育的根本性、全局性、方向性问题，为新时代中国教育改革发展指明了正确的政治方向。

1. 坚持社会主义办学方向，是我国教育最鲜亮的底色

我国的教育是社会主义教育，这是由国家性质决定的。《中华人民共和国宪法》明确规定，中华人民共和国是工人阶级领导的、以工农联盟为基础的人民民主专政的社会主义国家。社会主义制度是中华人民共和国的根本制度。国家发展社会主义的教育事业，提高全国人民的科学文化水平。《中华人民共和国教育法》也明确规定，国家坚持中国共产党的领导，坚持以马克思列宁主义、毛泽东思想、邓小平理论、“三个代表”重要思想、科学发展观、习近平新时代

中国特色社会主义思想为指导，遵循宪法确定的基本原则，发展社会主义的教育事业。

2018 年 5 月，习近平总书记在北京大学师生座谈会上的讲话强调，人才培养体系涉及学科体系、教学体系、教材体系、管理体系等，而贯通其中的是思想政治工作体系。加强党的领导和党的建设，加强思想政治工作体系建设，是形成高水平人才培养体系的重要内容。要坚持党的领导，坚持社会主义办学方向，把我们的特色和优势有效转化为培养社会主义建设者和接班人的能力。

2. 发展社会主义教育事业，必须坚持以马克思主义为指导

2022 年 10 月，习近平总书记在党的二十大报告中指出，“马克思主义是我们立党立国、兴党兴国的根本指导思想。实践告诉我们，中国共产党为什么能，中国特色社会主义为什么好，归根到底是马克思主义行，是中国化时代化的马克思主义行。拥有马克思主义科学理论指导是我们党坚定信仰信念、把握历史主动的根本所在”。

马克思主义是我们立党立国的根本指导思想，社会主义教育必须坚持以马克思主义为指导。2016 年 12 月，习近平总书记在全国高校思想政治工作会议上的讲话指出，“办好我们的高校，必须坚持以马克思主义为指导，全面贯彻党的教育方针。要坚持不懈传播马克思主义科学理论，抓好马克思主义理论教育，为学生一生成长奠定科学的思想基础”。

2018 年 5 月，习近平总书记在北京大学师生座谈会上讲话时强调，“要抓好马克思主义理论教育，深化学生对马克思主义历史必然性和科学真理性、理论意义和现实意义的认识，教育他们学会运用马克思主义立场观点方法观察世界、分析世界，真正搞懂面临的时代课题，深刻把握世界发展走向，认清中国和世界发展大势，让学生深刻感悟马克思主义真理力量，为学生成长成才打下科学思想基础”。

习近平总书记强调，只有把马克思主义基本原理同中国具体实际相结合、同中华优秀传统文化相结合，坚持运用辩证唯物主义和历史唯物主义，才能正确回答时代和实践提出的重大问题，才能始终保持马克思主义的蓬勃生机和旺盛活力。对马克思主义的信仰，对社会主义和共产主义的信念，只有首先在思政课教师心中扎下根，才能在学生心中开花结果。思政课教师只有自己信仰坚定，对所讲内容高度认同，做学习和实践马克思主义的典范，才能讲得有底气，讲深讲透，才能有效引导学生真学、真懂、真信、真用。

3. 发展社会主义教育事业，必须提升教育的服务能力

2016 年 12 月，习近平总书记在全国高校思想政治工作会议上提出教育的

"四为服务"重要论断。他指出，"我国高等教育发展方向要同我国发展的现实目标和未来方向紧密联系在一起，为人民服务，为中国共产党治国理政服务，为巩固和发展中国特色社会主义制度服务，为改革开放和社会主义现代化建设服务"。

2018年5月，习近平总书记在北京大学师生座谈会上的讲话中指出，古今中外，每个国家都是按照自己的政治要求来培养人的，世界一流大学都是在服务自己国家发展中成长起来的。在全国教育大会上，习近平总书记强调，坚持把服务中华民族伟大复兴作为教育的重要使命。提升教育服务经济社会发展能力，要根据建设社会主义现代化强国的需要，调整优化高校区域布局、学科结构、专业设置，改进高等教育管理方式，促进高等学校科学定位、差异化发展，把创新创业教育贯穿人才培养全过程，建立健全学科专业动态调整机制，加快一流大学和一流学科建设，推进产学研协同创新，积极投身实施创新驱动发展战略，着重培养创新型、复合型、应用型人才。要增强教育服务国家外交的能力，通过教育交流合作，继续办好全球孔子学院、孔子课堂，让全球几千万汉语学习者、几十万来华留学生成为中国的好朋友。

（五）论发展道路：坚持扎根中国大地办教育

中国的事情必须按照中国的特点和中国的实际办，教育发展要走自己的路，这是解决中国所有问题的正确之道。习近平总书记在全国教育大会上强调，办好中国的教育，必须坚持中国特色社会主义教育发展道路，扎根中国，融通中外，立足时代，面对未来，发展具有中国特色、世界水平的现代教育。

1. 中国的教育必须走自己的路

2014年5月，习近平总书记在北京大学师生座谈会上指出，"世界上不会有第二个哈佛、牛津、斯坦福、麻省理工、剑桥，但会有第一个北大、清华、浙大、复旦、南大等中国著名学府。我们要认真吸收世界上先进的办学治学经验，更要遵循教育规律，扎根中国大地办大学。"2018年5月，习近平总书记在北京大学师生座谈会上再次强调，"人才培养体系必须立足于培养什么人、怎样培养人这个根本问题来建设，可以借鉴国外有益做法，但必须扎根中国大地办大学"。

第一，独特的历史决定了我国教育必须走自己的发展道路。中华民族的文明史，中国人民近代以来的斗争史，中国共产党的奋斗史，中华人民共和国的发展史，改革开放以来的探索史，这些历史一脉相承，不可割裂。当代中国是历史中国的延续和发展，当代中国思想文化也是历史上传统思想文化的传承和升华。教育的发展也要从历史中汲取营养和力量。只有坚持从历史走向未来，从延续民族文化血脉中开拓前进，我们才能更好地发展今天的教育事业。

第二，独特的文化决定了我国教育必须走自己的发展道路。中华民族在几千年历史中创造和延续的中华优秀传统文化，是中华民族的根和魂。习近平总书记指出，“优秀传统文化是一个国家、一个民族传承和发展的根本，如果丢掉了，就割断了精神命脉。”在全国教育大会上，习近平总书记强调，要让学生了解中华文化变迁，触摸中华文化脉络，感受中华文化魅力，汲取中华文化精髓，让中华优秀传统文化基因一代代传承下去。2019 年 12 月，习近平总书记在视察濠江中学附属英才学校时讲话指出，“14 亿中国人民凝聚力这么强，就是因为我们拥有博大精深的中华文化、中华精神，这是我们文化自信的源泉。了解我们 5000 年延续不绝的历史，就能自然形成强烈的民族自尊心和民族自豪感。了解鸦片战争以来的民族屈辱史，才能理解中国人民对于民族伟大复兴的强烈愿望”。我国教育改革发展要坚守中华文化立场，传承中华文化基因，从中华民族的辉煌历史和国家发展的伟大成就中汲取精神力量，推动中华优秀传统文化创造性转化、创新性发展，增强文化自信，让中华优秀传统文化成为新时代办好中国特色社会主义教育的底气。

第三，独特的国情决定了我国教育必须走自己的发展道路。习近平总书记在党的二十大报告中指出，中国人民和中华民族从近代以后的深重苦难走向伟大复兴的光明前景，从来就没有教科书，更没有现成答案。党的百年奋斗成功道路是党领导人民独立自主探索开辟出来的，马克思主义的中国篇章是中国共产党人依靠自身力量实践出来的，贯穿其中的一个基本点就是中国的问题必须从中国基本国情出发，由中国人自己来解答。中国特色社会主义进入新时代，我国社会主要矛盾的变化，没有改变我们对我国社会主义所处历史阶段的判断，我国仍处于并将长期处于社会主义初级阶段的基本国情没有变。我国办的是社会主义教育，就要坚持社会主义办学方向，坚持以人民为中心发展教育，我们办的是世界上最大规模的教育，教育发展还不充分也很不平衡。我国教育只有牢牢立足社会主义初级阶段这个最大实际，才能更好推动人的全面发展、社会的全面进步。

2. 坚持中国特色社会主义教育发展道路

2023 年 5 月，习近平总书记在二十届中央政治局第五次集体学习时讲话强调，“党的十八大以来，党中央坚持把教育作为国之大计、党之大计，作出加快教育现代化、建设教育强国的重大决策，推动新时代教育事业取得历史性成就、发生格局性变化。我国已建成世界上规模最大的教育体系，教育现代化发展总体水平跨入世界中上国家行列。据测算，我国目前的教育强国指数居全球第 23 位，比 2012 年上升 26 位，是进步最快的国家。这充分证明，中国特色社会主义教育发展道路是完全正确的”。

坚持扎根中国大地办教育，就是要体现中国特色。扎根中国、融通中外。只有扎根中国才能更好地走向世界，加强中华优秀传统文化教育、革命文化教育、社会主义先进文化教育，努力为中国人民服务，为中国共产党治国理政服务，为巩固和发展中国特色社会主义制度服务，为改革开放和社会主义现代化建设服务。立足时代、面向未来。2016 年教师节，习近平总书记致首届清华大学苏世民书院开学典礼的贺信强调，“教育传承过去、造就现在、开创未来，是推动人类文明进步的重要力量”。我们的教育要坚持不忘本来、吸收外来、面向未来，既向内看，深入研究关系国计民生的重大课题，又向外看，积极探索关系人类前途命运的重大问题；既向前看、准确判断中国特色社会主义发展趋势，又向后看、善于继承和弘扬中华优秀传统文化精华，努力培养出更多更好能够满足党、国家、人民、时代需要的人才。

3. 建设具有中国特色、世界水平的现代教育

2023 年 5 月，习近平总书记在北京育英学校考察时讲话指出，“中国特色社会主义教育体系是好的，我国的基础教育在世界上是有优势的，要坚定文化自信，把自己好的东西坚持好，把国外好的东西借鉴好，与时俱进、开放发展，让孩子们有更广阔的眼界、更开阔的思路、更开放的观念，努力培养堪当民族复兴重任、勇于创造世界奇迹的国之栋梁”。

在二十届中央政治局第五次集体学习时，习近平总书记讲话强调，“要坚持把高质量发展作为各级各类教育的生命线，加快建设高质量教育体系”。建设教育强国，基点在基础教育，龙头是高等教育。“要推进学前教育普及普惠安全优质发展，推动义务教育优质均衡发展和城乡一体化”。“要在全社会树立科学的人才观、成才观、教育观，加快扭转教育功利化倾向，形成健康的教育环境和生态。要把加快建设中国特色、世界一流的大学和优势学科作为重中之重，不断提升原始创新能力和人才培养质量”。“要建设全民终身学习的学习型社会、学习型大国，不断提高国民受教育程度，全面提升人力资源开发水平，促进人的全面发展”。

（六）论价值立场：坚持以人民为中心

2017年10月，习近平总书记在中国共产党第十九次全国代表大会上报告指出，“不忘初心，方得始终。中国共产党人的初心和使命，就是为中国人民谋幸福，为中华民族谋复兴”。2018年，在全国教育大会上，习近平总书记提出要“坚持以人民为中心发展教育”。这一论断彰显了我们党全心全意为人民服务的根本宗旨，饱含着深厚的人民情怀，是我国教育事业改革发展的出发点和落脚点，也是办好人民满意教育的根本遵循。

2022年，在党的二十大报告中，习近平总书记强调，“我们深入贯彻以人民为中心的发展思想，在幼有所育、学有所教、劳有所得、病有所医、老有所养、住有所居、弱有所扶上持续用力，人民生活全方位改善”。坚持以人民为中心的发展思想。维护人民根本利益，增进民生福祉，不断实现发展为了人民、发展依靠人民、发展成果由人民共享，让现代化建设成果更多更公平惠及全体人民。坚持以人民为中心发展教育，加快建设高质量教育体系，发展素质教育，促进教育公平。加快义务教育优质均衡发展和城乡一体化，优化区域教育资源配置，强化学前教育、特殊教育普惠发展，坚持高中阶段学校多样化发展，完善覆盖全学段学生资助体系。统筹职业教育、高等教育、继续教育协同创新，推进职普融通、产教融合、科教融汇，优化职业教育类型定位。加强基础学科、新兴学科、交叉学科建设，加快建设中国特色、世界一流的大学和优势学科。引导规范民办教育发展。加大国家通用语言文字推广力度。深化教育领域综合改革，加强教材建设和管理，完善学校管理和教育评价体系，健全学校家庭社会育人机制。加强师德师风建设，培养高素质教师队伍，弘扬尊师重教社会风尚。推进教育数字化，建设全民终身学习的学习型社会、学习型大国。

2023年，习近平总书记在二十届中央政治局第五次集体学习时讲话指出，“要全面贯彻党的教育方针，坚持以人民为中心发展教育，主动超前布局、有力应对变局、奋力开拓新局，加快推进教育现代化，以教育之力厚植人民幸福之本，以教育之强夯实国家富强之基，为全面推进中华民族伟大复兴提供有力支撑”。

习近平总书记坚持教育的人民立场，不断满足人民对更好教育的期待，保障人民有更多教育获得感，不断促进教育发展成果更多更公平惠及全体人民，以教育公平促进社会公平正义，让每个孩子都能享有公平而有质量的教育。

（七）论发展动力：坚持深化教育改革创新

1. 改革开放是实现中华民族伟大复兴的关键一招

2012年12月，习近平总书记在广东考察工作时讲话指出，“改革开放是我们党的历史上一次伟大觉醒，正是这个伟大觉醒孕育了新时期从理论到实践的伟大创造”。中国发展的实践证明，当年邓小平同志指导我们党作出改革开放的决策是英明的、正确的，邓小平同志不愧为中国改革开放的总设计师，不愧为中国特色社会主义道路的开创者。今后，我们要坚持走这条正确道路，这是强国之路、富民之路。我们不仅要坚定不移走下去，而且要有新举措、上新水平。2012年12月，习近平总书记在十八届中央政治局第二次集体学习时讲话指出，没有改革开放就没有当代中国的发展进步，改革开放是发展中国、发展社会主义、发展马克思主义的强大动力。现在，解决我国进一步发展面临的一系列突出矛盾和挑战，必须深化改革开放。改革开放是决定当代中国命运的关键一招，也是决定实现“两个一百年”奋斗目标、实现中华民族伟大复兴的关键一招。2016年4月，习近平总书记在中央全面深化改革领导小组第二十三次会议上强调，“把以人民为中心的发展思想体现在经济社会发展各个环节，做到老百姓关心什么、期盼什么，改革就要抓住什么、推进什么，通过改革给人民群众带来更多获得感”。

习近平总书记在党的十九大报告中指出，“实现中华民族伟大复兴，必须合乎时代潮流、顺应人民意愿，勇于改革开放，让党和人民事业始终充满奋勇前进的强大动力。我们党团结带领人民进行改革开放新的伟大革命，破除阻碍国家和民族发展的一切思想和体制障碍，开辟了中国特色社会主义道路，使中国大踏步赶上时代”。

2. 改革是教育事业发展的根本动力

2023年5月，习近平总书记在二十届中央政治局第五次集体学习时讲话强调，“从教育大国到教育强国是一个系统性跃升和质变，必须以改革创新为动力。要坚持系统观念，统筹推进育人方式、办学模式、管理体制、保障机制改革，坚决破除一切制约教育高质量发展的思想观念束缚和体制机制弊端，全面提高教育治理体系和治理能力现代化水平。把促进教育公平融入到深化教育领域综合改革的各方面各环节，缩小教育的城乡、区域、校际、群体差距，努力让每个孩子都能享有公平而有质量的教育，更好满足群众对“上好学”的需要。深化新时代教育评价改革，构建多元主体参与、符合中国实际、具有世界水平的教育评价体系。加强教材建设和管理，牢牢把握正确政治方向和价值导向，用心打造培根铸魂、启智增慧的精品教材。教育数字化是我国开辟教育发展新赛道和塑造教育发展新优势的重要突破口。进一步推进数字教育，为个性化学习、终身学习、扩大优质教育资源覆盖面和教育现代化提供有效支撑”。

2018年，习近平总书记在全国教育大会上强调，我们要坚持我国教育现代化的社会主义方向，坚持教育公益性原则，把教育公平作为国家基本教育政策，大力推进教育体制改革创新。要加快建成伴随每个人一生的教育，让学习成为每个人的生活习惯和生活方式，实现人人皆学、处处能学、时时可学。要加快建成平等面向每个人的教育，要加快建成适合每个人的教育，要加快建成更加开放灵活的教育。要深化教育体制改革，目的是提高教育质量。要着眼于“教好”，围绕教师、教材、教法推进改革。要着眼于“学好”，围绕立德立志、增智健体、成才用才推进改革。要着眼于“管好”，坚持依法治教、依法办学、依法治校，不断健全教育管理制度体系。

3. 开放是提升我国教育世界影响力的重要举措

改革必然要求开放，开放也必然要求改革。在全国教育大会上，习近平总书记强调，扩大教育开放，提升我国教育世界影响力。推进教育现代化，要坚持对外开放不动摇，要聚焦世界科技前沿和国内薄弱、空白、紧缺学科专业，要打造更具国际竞争力的留学教育，要增强教育服务国家外交的能力，要大力培养掌握党和国家方针政策、具有全球视野、通晓国际规则、熟练运用外语、精通中外谈判和沟通的国际化人才，要加快建设中国特色海外国际学校。

习近平总书记在二十届中央政治局第五次集体学习时讲话指出，“要完善教育对外开放战略策略，统筹做好“引进来”和“走出去”两篇大文章，有效利用世界一流教育资源和创新要素，使我国成为具有强大影响力的世界重要教育中心。要积极参与全球教育治理，大力推进“留学中国”品牌建设，讲好中国故事、传播中国经验、发出中国声音，增强我国教育的国际影响力和话语权”。

（八）论发展使命：坚持服务中华民族伟大复兴

1. 建设教育强国是中华民族伟大复兴的基础工程

党的十九大报告强调：“实现中华民族伟大复兴是近代以来中华民族最伟大的梦想。中国共产党一经成立，就把实现共产主义作为党的最高理想和最终目标，义无反顾肩负起实现中华民族伟大复兴的历史使命，团结带领人民进行了艰苦卓绝的斗争，谱写了气吞山河的壮丽史诗”。“新时代中国特色社会主义思想，明确坚持和发展中国特色社会主义，总任务是实现社会主义现代化和中华民族伟大复兴。”强调教育是民族振兴、社会进步的重要基石，对实现中华民族伟大复兴具有决定性意义。党的二十大明确了新时代新征程党的中心任务，即团结带领全国各族人民全面建成社会主义现代化强国、实现第二个百年奋斗目标，以中国式现代化全面推进中华民族伟大复兴。

2023 年，习近平总书记在二十届中央政治局第五次集体学习时讲话指出，“教育兴则国家兴，教育强则国家强。建设教育强国，是全面建设社会主义现代化强国的战略先导，是实现高水平科技自立自强的重要支撑，是促进全体人民共同富裕的有效途径，是以中国式现代化全面推进中华民族伟大复兴的基础工程”。

2. 进一步提升教育服务经济社会发展能力

教育事业发展要围绕统筹推进“五位一体”总体布局而展开。推进社会主义经济建设，需要教育为推动我国经济实现高质量发展做出更大贡献，在实施创新驱动发展战略、乡村振兴战略、区域协调发展战略中有所作为。推进社会主义政治建设，需要通过教育进一步提高人民民主素养，在依法治教、依法办学、依法治校的制度建设上先行。加强社会主义文化建设，需要教育领域进一步深化马克思主义理论研究和建设，加快构建中国特色哲学社会科学体系，推动习近平新时代中国特色社会主义思想深入人心，发展面向现代化、面向世界、面向未来的，民族的科学的大众的社会主义文化，为推动社会主义文化繁荣兴盛，为建设社会主义文化强国做出贡献。加强社会主义社会建设，需要以教育公平推进社会公平正义，参与实施健康中国战略，共同打造共建共治共享的社会治理格局。推进社会主义生态文明建设，需要教育在树立社会主义生态文明意识，形成可持续发展理念、知识和能力，建设美丽中国方面，发挥重要引导作用。

3. 要把服务高质量发展作为建设教育强国的重要任务

习近平总书记在二十届中央政治局第五次集体学习时讲话强调，“要把服务高质量发展作为建设教育强国的重要任务，坚持把高质量发展作为各级各类教育的生命线，加快建设高质量教育体系”。习近平总书记指出，“建设教育强国、科技强国、人才强国具有内在一致性和相互支撑性，要把三者有机结合起来、一体统筹推进，形成推动高质量发展的倍增效应。要提升教育对高质量发展的支撑力、贡献力。统筹职业教育、高等教育、继续教育，推进职普融通、产教融合、科教融汇，源源不断培养高素质技术技能人才、大国工匠、能工巧匠”。

2022年10月，习近平总书记在党的二十届一中全会上讲话强调，“我们要把教育、科技、人才作为全面建设社会主义现代化国家的基础性、战略性支撑，坚持科技是第一生产力、人才是第一资源、创新是第一动力，深入实施科教兴国战略、人才强国战略、创新驱动发展战略，不断塑造发展新动能新优势”。

（九）论队伍建设：坚持教师队伍建设为基础工作

2018年9月，习近平总书记在全国教育大会上讲话强调，长期以来，广大教师贯彻党的教育方针，教书育人，呕心沥血，默默奉献，为国家发展和民族振兴做出了重大贡献。教师是人类灵魂的工程师，是人类文明的传承者，承载着传播知识、传播思想、传播真理，塑造灵魂、塑造生命、塑造新人的时代重任。全党全社会要弘扬尊师重教的社会风尚，努力提高教师政治地位、社会地位、职业地位，让广大教师享有应有的社会声望，在教书育人岗位上为党和人民事业做出新的更大的贡献。

1. 教师是立教之本、兴教之源

2013年9月，习近平总书记在致全国广大教师的慰问信中指出，“百年大计，教育为本。教师是立教之本、兴教之源，承担着让每个孩子健康成长、办好人民满意教育的重任”。

2014年9月，习近平总书记在同北京师范大学师生代表座谈时讲话指出，“教师是人类历史上最古老的职业之一，也是最伟大、最神圣的职业之一。人们常说：‘教师是太阳底下最崇高的职业。’自古以来，中华民族就有尊师重教、崇智尚学的优良传统，正所谓‘国将兴，必贵师而重傅；贵师而重傅，则法度存’。在古代，孔子被推崇为‘大成至圣先师’，被誉为‘万世师表’。在中华民族5000多年文明发展史上，英雄辈出，大师荟萃，都与一代又一代教师的辛勤耕耘是分不开的”。

2023年5月，习近平总书记在二十届中央政治局第五次集体学习时讲话强调，“强教必先强师，要把加强教师队伍建设作为建设教育强国最重要的基础工作来抓，健全中国特色教师教育体系，大力培养造就一支师德高尚、业务精湛、结构合理、充满活力的高素质专业化教师队伍。弘扬尊师重教社会风尚，提高教师政治地位、社会地位、职业地位，使教师成为最受社会尊重的职业之一，支持和吸引优秀人才热心从教、精心从教、长期从教、终身从教。加强师德师风建设，引导广大教师坚定理想信念、陶冶道德情操、涵养扎实学识、勤修仁爱之心，树立“躬耕教坛、强国有我”的志向和抱负，坚守三尺讲台，潜心教书育人”。

2023年5月，习近平总书记在北京育英学校考察时讲话指出，人才培养，关键在教师。广大教师要牢记为党育人、为国育才的初心使命，以人民教育家为榜样，以德立身、以德立学、以德施教。要在全社会营造尊师重教的良好风尚，让教师成为最受社会尊重和令人羡慕的职业，努力形成优秀人才争相从教、优秀教师不断涌现的良好局面。

2. 做党和人民满意的好老师

2014年9月，习近平总书记在同北京师范大学师生代表座谈时讲话指出，“教师重要，就在于教师的工作是塑造灵魂、塑造生命、塑造人的工作。一个人遇到好老师是人生的幸运，一个学校拥有好老师是学校的光荣，一个民族源源不断涌现出一批又一批好老师则是民族的希望。国家繁荣、民族振兴、教育发展，需要我们大力培养造就一支师德高尚、业务精湛、结构合理、充满活力的高素质专业化教师队伍，需要涌现一大批好老师”。

习近平总书记强调，每个人心目中都有自己好老师的形象。做好老师，是每一个老师应该认真思考和探索的问题，也是每一个老师的理想和追求。好老师没有统一的模式，可以各有千秋、各显身手，但有一些共同的、必不可少的特质。

第一，做好老师，要有理想信念。好老师心中要有国家和民族，要明确意识到肩负的国家使命和社会责任。我们的教育是为人民服务、为中国特色社会主义服务、为改革开放和社会主义现代化建设服务的，党和人民需要培养的是社会主义事业建设者和接班人，好老师的理想信念应该以这一要求为基准。要积极引导学生热爱祖国、热爱人民、热爱中国共产党。好老师应该做中国特色社会主义共同理想和中华民族伟大复兴中国梦的积极传播者，帮助学生筑梦、追梦、圆梦，让一代又一代年轻人都成为实现我们民族梦想的正能量。广大教师要用好课堂讲坛，用好校园阵地，用自己的行动倡导社会主义核心价值观，用自己的学识、阅历、经验点燃学生对真善美的向往，使社会主义核心价值观润物细无声地浸润学生们的心田、转化为日常行为，增强学生的价值判断能力、价值选择能力、价值塑造能力，引领学生健康成长。

第二，做好老师，要有道德情操。老师的人格力量和人格魅力是成功教育的重要条件。老师对学生的影响，离不开老师的学识和能力，更离不开老师为人处世、于国于民、于公于私所持的价值观。教师的职业特性决定了教师必须是道德高尚的人群。好老师首先应该是以德施教、以德立身的楷模。师者为师亦为范，学高为师，德高为范。好老师要有“捧着一颗心来，不带半根草去”的奉献精神，自觉坚守精神家园、坚守人格底线，带头弘扬社会主义道德和中华传统美德，以自己的模范行为影响和带动学生。好老师的道德情操最终要体现到对所从事职业的忠诚和热爱上来。做老师，最好的回报是学生成人成才，桃李满天下。

第三，做好老师，要有扎实学识。老师自古就被称为“智者”。扎实的知识功底、过硬的教学能力、勤勉的教学态度、科学的教学方法是老师的基本素质，其中知识是根本基础。学生往往可以原谅老师严厉刻板，但不能原谅老师学识浅薄。知识储备不足、视野不够，教学中必然捉襟见肘，更谈不上游刃有余。在信息时代做好老师，自己所知道的必须大大超过要教给学生的范围，不仅要有胜任教学的专业知识，还要有广博的通用知识和宽阔的胸怀视野。好老师还应该是智慧型的老师，具备学习、处世、生活、育人的智慧，既授人以鱼，又授人以渔，能够在各个方面给学生以帮助和指导。老师始终处于学习状态，站在知识发展前沿，刻苦钻研、严谨笃学，不断充实、拓展、提高自己。

第四，做好老师，要有仁爱之心。爱是教育的灵魂，没有爱就没有教育。好老师应该是仁师，没有爱心的人不可能成为好老师。教育风格可以各显身手，但爱是永恒的主题。老师的爱，既包括爱岗位、爱学生，也包括爱一切美好的事物。好老师对学生的教育和引导应该是充满爱心和信任的，在严爱相济的前提下晓之以理、动之以情，让学生“亲其师”“信其道”。好老师要用爱培育爱、激发爱、传播爱。好老师应该把自己的温暖和情感倾注到每一个学生身上，用欣赏增强学生的信心，用信任树立学生的自尊，让每一个学生都健康成长，让每一个学生都享受成功的喜悦。有爱才有责任。选择当老师就选择了责任，就要尽到教书育人、立德树人的责任，并把这种责任体现到平凡、普通、细微的教学管理之中。正是因为爱教育、爱学生，我们很多老师才有了用一辈子备一堂课、用一辈子在三尺讲台默默奉献的力量，才有了在学生遇到危难时挺身而出的勇气，才有了敢于攻克新知新学的锐气。老师责任心有多大，人生舞台就有多大。

老师还要具有尊重学生、理解学生、宽容学生的品质。离开了尊重、理解、宽容同样谈不上教育。世界上没有两片完全相同的树叶，老师面对的是一个个性格爱好、脾气秉性、兴趣特长、家庭情况、学习状况不一的学生，必须精心加以引导和培育。老师无意间的一句话，可能造就一个天才，也可能毁灭一个天才。好老师一定要平等对待每一个学生，尊重学生的个性，理解学生的情感，包容学生的缺点和不足，善于发现每一个学生的长处和闪光点，让所有学生都成长为有用之才。

习近平总书记 2014 年 9 月 9 日在同北京师范大学师生代表座谈时强调，“好老师不是天生的，而是在教学管理实践中、在教育改革发展中锻炼成长起来的。衷心祝愿每个教师都能成为符合党和人民要求、学生喜欢和敬佩的好老师，希望每个孩子都能遇到好老师”。

参考文献

[1] 王炳林．加强党对教育事业的全面领导［N］．中国教育报，2023 年 04 月 06 日第 6 版．

[2] 习近平．决胜全面建成小康社会夺取新时代中国特色社会主义伟大胜利——在中国共产党第十九次全国代表大会上的报告［M］．北京：人民出版社，2017：42.

[3] 习近平．青年要自觉践行社会主义核心价值观——在北京大学师生座谈会上的讲话［M］．北京：人民出版社，2014：4.

[4] 习近平总书记在同各界优秀青年代表座谈时的讲话［OB/OL］. https://www. gov. cn/ldhd/2013-05/05/content_2395892. htm.

[5] 习近平．摆脱贫困［M］．福州：福建人民出版社，1992：173.

[6] 习近平．习近平谈治国理政（第二卷）［M］．北京：外文出版社，2017：267.

[7] 习近平．习近平谈治国理政（第二卷）［M］．北京：外文出版社，2017：313.

[8] 习近平．习近平总书记教育重要论述讲义［M］．北京：高等教育出版社，2020：192.

[9] 习近平．做党和人民满意的好老师——同北京师范大学师生代表座谈时的讲话［M］．北京：人民出版社，2014：4-9.

[10] 习近平．高举中国特色社会主义伟大旗帜为全面建设社会主义现代化国家而团结奋斗——在中国共产党第二十次全国代表大会上的报告［OB/OL］. https://www. gov. cn/xinwen/2022-10/25/content_5721685. htm.

社会主义核心价值观教育

2012年11月，党的十八大强调："倡导富强、民主、文明、和谐，倡导自由、平等、公正、法治，倡导爱国、敬业、诚信、友善，积极培育和践行社会主义核心价值观。"这一论述明确了社会主义核心价值观的基本理念和具体内容，指出了社会主义核心价值体系建设的现实着力点，是对社会主义核心价值体系建设的新部署、新要求。正如习近平总书记所说，我国是一个有着14亿多人口、56个民族的大国，确立反映全国各族人民共同认同的价值观"最大公约数"，使全体人民同心同德、团结奋进，关乎国家前途命运，关乎人民幸福安康。正确理解社会主义核心价值观的内涵，深刻把握积极培育和践行社会主义核心价值观的重要性，对于推进社会主义核心价值体系建设，用社会主义核心价值体系引领社会思潮、凝聚社会共识，具有重要的理论意义和实践意义。

一、社会主义核心价值观的丰富内涵

人类社会发展的历史表明，对一个民族、一个国家来说，最持久、最深层的力量是全社会共同认可的核心价值观。核心价值观，承载着一个民族、一个国家的精神追求，体现着一个社会评判是非曲直的价值标准。社会主义核心价值观是当代中国精神的集中体现，凝结着全体人民共同的价值追求，是社会主义核心价值体系最深层的精神内核，是现阶段全国人民对社会主义核心价值观具体内容的"最大公约数"的表述，既有深厚的传统底蕴又有鲜明的时代特征，符合历史、合乎实践，贴近民情、顺乎民意，能够发挥出广泛的感召力、强大的凝聚力和持久的引导力。

（一）富强、民主、文明、和谐

富强是基础，民主是保障，文明是灵魂，和谐是目标，四者构成有机整体，分别从经济建设、政治建设、文化建设、社会建设和生态文明建设五方面强调我国社会主义现代化国家的建设目标，在社会主义核心价值观中居于最高层次，具有统领作用。这一价值追求回答了我们要建设什么样的国家的重大问题，揭示了当代中国在经济发展、政治文明、文化繁荣、社会进步等方面的价值目标，从国家层面标注了社会主义核心价值观的时代刻度。

“富强”即国富民强，体现了经济价值目标，要求在科学发展观的引领下，创造出足够多的物质财富满足人民对美好生活的向往，这是社会主义现代化国家经济建设的应然状态，也是国家繁荣昌盛、人民幸福安康的物质基础。“民主”即人民当家作主，体现了政治价值目标，要求保证人民依法实行民主选举、民主决策、民主管理和民主监督，它是社会主义的生命，也是创造人民美好幸福生活的政治保障。“文明”体现了文化价值目标，其实质是建设社会主义文化强国，也是社会主义现代化国家文化建设的应有状态，弘扬中华民族优秀传统文化，提升公民思想道德素质和科学文化素质，增强国家文化软实力，为人类文明进步做出更大贡献。“和谐”即和睦协调，体现了社会价值目标，是中国传统文化的基本理念，其实质是在社会主义建设中，实现人与人、人与社会、人与自然和谐共生，不仅是社会主义现代化国家在社会建设领域的价值诉求，也是经济社会和谐稳定、持续健康发展的重要保证。

（二）自由、平等、公正、法治

自由是前提，平等是基础，公正是底线，法治是保障，四者之间相互作用，是对美好社会的生动表述，反映了中国特色社会主义的基本属性，是我们党矢志不渝、长期实践的核心价值理念。这一价值追求回答了我们要建设什么样的社会的重大问题，与实现国家治理体系和治理能力现代化的要求相契合，揭示了社会主义社会发展的价值取向。

“自由”是人的本质属性，是人摆脱限制和奴役，成为自己主人的一种社会状态，也是社会主义的价值理想。人的自由全面发展，是社会主义区别于其他社会形态的本质属性。“平等”是人的最基本权利，指公民在法律面前一律平等，其价值取向是不断实现实质平等。平等是人类追求的一种理想社会状态，是处理一切社会关系的最基本准则。“公正”即社会公平和正义，本质上是调节人们之间社会关系的一种价值评价标准，以人的解放和自由平等权利的获得为前提，是国家、社会应然的根本价值理念。“法治”是治国理政的基本方式，依照法律治理国家、管理社会，是社会有序运行的重要保障，是实现自由平等、公平正义的制度保证。依法治国是社会主义民主政治的基本要求。

（三）爱国、敬业、诚信、友善

“爱国、敬业、诚信、友善”，是公民基本道德规范，是从个人行为层面对社会主义核心价值观基本理念的凝练。这一价值追求回答了我们要培育什么样的公民的重大问题，涵盖了社会公德、职业道德、家庭美德、个人品德等各个方面，是每一个公民都应当遵守的道德规范。它继承了中华民族传统美德、中国共产党人革命道德和社会主义新时期道德的精华，为提升广大人民群众道德修养达到更高境界提供了核心的价值导向。

“爱国”即热爱祖国，是民族精神的核心，建立起公民与祖国最牢固的情感纽带，自觉维护祖国的独立、统一、尊严、荣誉和利益，关注祖国的前途和命运，是国家对公民的基本道德要求。“敬业”是职业道德的基本要求，也是对公民职业行为准则的价值评价，要求公民恪尽职守、热爱劳动、乐于奉献，是一种积极向上的人生态度，充分体现了社会主义职业精神。“诚信”即诚实守信，是个人处理与他人、社会、国家的道德准则和行为要求，不仅是社会和谐稳定的基石，也是维持社会秩序的纽带，强调诚实劳动、信守承诺、诚恳待人。“友善”是公民在处理个人与他人关系上应遵循的行为准则，是人们和谐、团结与合作的重要基础，要求人们修身律己，与人为善，尊老爱幼，助人为乐，推动形成互帮互助的社会主义新型人际关系。

二、社会主义核心价值观教育的政策梳理

1.《关于培育和践行社会主义核心价值观的意见》

2013 年 12 月 23 日，中共中央办公厅印发《关于培育和践行社会主义核心价值观的意见》（中办发〔2013〕24 号）（以下简称《意见》）。《意见》包括培育和践行社会主义核心价值观的重要意义和指导思想、把培育和践行社会主义核心价值观融入国民教育全过程、把培育和践行社会主义核心价值观落实到经济发展实践和社会治理中、加强社会主义核心价值观宣传教育、开展涵养社会主义核心价值观的实践活动、加强对培育和践行社会主义核心价值观的组织领导等 6 部分 23 条。

2.《社会信用体系建设规划纲要（2014—2020 年）》

2014 年 6 月 27 日，国务院印发的《社会信用体系建设规划纲要（2014—2020 年）》（国发〔2014〕21 号）（以下简称《纲要》）对外公布。这是我国首部

国家级社会信用体系建设专项规划。《纲要》围绕政务诚信、商务诚信、社会诚信和司法公信四大重点领域，明确了与人民群众切身利益和经济社会健康发展密切相关的34个方面的具体任务。

3.《关于在各级各类学校推动培育和践行社会主义核心价值观长效机制建设的意见》

2014年10月17日，中共教育部党组、共青团中央联合印发《关于在各级各类学校推动培育和践行社会主义核心价值观长效机制建设的意见》（教党〔2014〕40号），以下简称《意见》。《意见》包括推动培育和践行社会主义核心价值观长效机制建设的重要意义、指导思想和主要原则；推动社会主义核心价值观融入教育教学；推动社会主义核心价值观融入社会实践；推动社会主义核心价值观融入文化育人；推动社会主义核心价值观融入制度建设；加强组织领导，推进社会主义核心价值观研究传播等6部分20条。

4.《培育和践行社会主义核心价值观行动方案》

2015年4月16日，中宣部、中央文明办印发《培育和践行社会主义核心价值观行动方案》（以下简称《行动方案》）。此次印发的《行动方案》，是与《关于培育和践行社会主义核心价值观的意见》相配套的文件，是深化核心价值观建设的重要步骤。《行动方案》提出了15项重点活动项目，包括爱国主义教育活动、群众性精神文明创建活动、学雷锋志愿服务活动、诚信建设制度化、节俭养德全民节约行动、公正文明执法司法活动、平安中国建设活动、民族团结进步创建活动、文明旅游活动、全民科学素质行动、扶贫济困活动、爱国卫生运动、文明办网文明上网活动、公众人物“重品行树形象做榜样”活动、“三严三实”教育。

5.《关于教育系统深入开展爱国主义教育的实施意见》

2016年1月19日，中共教育部党组印发《关于教育系统深入开展爱国主义教育的实施意见》（教党〔2016〕4号），以下简称《意见》。《意见》提出，把党的教育方针细化为学生发展核心素养，把爱国主义精神有机融入大中小学德育、语文、历史、地理、体育、艺术等各学科课程标准、教材编写、考试评价之中，纳入教育教学实践环节。

6.《关于深化家庭文明建设的意见》

2016年8月25日，中央文明委印发《关于深化家庭文明建设的意见》（文明委〔2016〕3号），从文明家庭创建活动、建设新时代的家风文化、营造家庭文明建设浓厚社会氛围、强化法规政策保障作用等方面，对深化家庭文明建设作出一系列部署。

7.《关于公共文化设施开展学雷锋志愿服务的实施意见》

2016年12月4日，中宣部、中央文明办、教育部、民政部、文化部、国家文物局和中国科协联合印发《关于公共文化设施开展学雷锋志愿服务的实施意见》（文明办〔2016〕10号），以下简称《意见》，围绕发挥公共文化设施培育和弘扬社会主义核心价值观、传播社会主义先进文化的重要作用，《意见》明确提出到2020年，基本建成公共文化设施志愿服务组织体系、志愿服务项目体系和志愿服务管理制度体系。

8.《关于进一步把社会主义核心价值观融入法治建设的指导意见》

2016年12月25日，中共中央办公厅、国务院办公厅印发的《关于进一步把社会主义核心价值观融入法治建设的指导意见》（以下简称《意见》）对外公布。《意见》包括重要意义和总体要求、推动社会主义核心价值观入法入规、强化社会治理的价值导向、用司法公正引领社会公正、弘扬社会主义法治精神、加强组织领导6个方面。

9.《关于深化群众性精神文明创建活动的指导意见》

2017年4月5日，中央文明委印发的《关于深化群众性精神文明创建活动的指导意见》（以下简称《意见》）对外公布。《意见》指出，要坚持用社会主义核心价值观引领群众性精神文明创建活动，重点抓好理想信念教育、爱国主义教育、公民道德建设、弘扬中华优秀传统文化、诚信建设、建设社会主义法治文化、发挥先进典型示范引领作用等方面的工作。

10.《关于建立社会主义核心价值观入法入规协调机制的意见》

2021年9月27日，中央宣传部、中央政法委、全国人大常委会办公厅、司法部印发《关于建立社会主义核心价值观入法入规协调机制的意见（试行）》（以下简称《意见》）。《意见》对社会主义核心价值观入法入规协调机制作了具体规定，对社会主义核心价值观入法入规审查工作程序作出规范。

三、培育和践行社会主义核心价值观的路径

培育和践行社会主义核心价值观，是中国共产党立足推进中国特色社会主义伟大事业、实现中华民族伟大复兴中国梦的全局作出的重大决策，是凝魂聚气、强基固本的基础工程、战略工程，具有重大的现实意义和深远的历史意义。习近平总书记强调：“青年要自觉践行社会主义核心价值观，与祖国和人民同行，努力创造精彩人生。”在坚持中国特色社会主义教育道路、培养

德智体美劳全面发展的社会主义事业建设者和接班人的时代背景与要求下，用社会主义核心价值观培育新时代新青年具有重要的现实意义。

（一）深入开展社会主义核心价值观宣传教育

党的二十大报告指出，在现有成就和经验的基础之上，不断推进社会主义核心价值观的广泛践行，深入开展社会主义核心价值观宣传教育就是其前提性工作。首先，以伟大建党精神为源头活水的中国共产党人精神谱系是我们党珍贵的精神财富，凝结着我们党的历史主动精神，是传递社会主义核心价值观的红色资源，要大力传扬。其次，推动全社会自觉宣传与弘扬爱国主义、集体主义、社会主义思想，促进人民解决好个人、集体、国家间的关系，为广泛培育社会主义核心价值观奠定基础。最后，持续抓好党史、新中国史、改革开放史、社会主义发展史的宣传教育，在“四史”宣传教育中，引导人民群众正确认识党情、国情，做到知史爱党、知史爱国，厚植爱党爱国的情怀。

（二）以社会主义核心价值观铸魂育人

新征程培育践行核心价值观的另一着力点为培养担当民族复兴大任的时代新人，用社会主义核心价值观涵育时代新人，以社会主义核心价值观铸魂育人。第一，以中国化时代化马克思主义的最新成果为理论基础，推进习近平新时代中国特色社会主义思想进教材、进课堂、进头脑。加强学科建设的专业化，培养学科专业人才，推进教材建设的科学化，设计科学课程，改进教学理念，提升方式方法的创新性，提高教学水平，进而推动“三进”工作的有效开展。第二，以大中小学思想政治教育一体化建设为实践路径，以立德树人作为中心环节，把立德树人的根本任务融入思想政治教育的各环节，贯穿教育教学全过程，实现全程育人、全方位育人。大中小学思想政治教育一体化建设要以高素养思政工作队伍为工作力量，打造“政治要强、情怀要深、思维要新、视野要广、自律要严、人格要正”的优秀思想政治教育工作者。

（三）用社会主义核心价值观引领人民精神生活共同富裕

党的二十大报告中提出要将“社会主义核心价值观融入日常生活”。其一，用社会主义核心价值观引领，使人民群众的多样化、多层次、多方面的精神文化需求不断得到满足。从国家层面来看，“要用‘富强、民主、文明、和谐’的价值目标满足人民群众多样化的精神文化需求”。着眼于社会层面，以社会主义核心价值观引领，使人民群众多层次的精神文化需求不断得以满足。从个人层面出发，引领不断满足人民群众多方面的精神文化需求。其二，以社会主义核心价值观引领创新创造精神文化产品。用社会主义核心价值观引领精神文化产品的创新创作，打造思想性与创新性、艺术性相统一的文化产品，推出更多增强人民精神力量的文化作品。不断创新载体平台，营造优质社会环境，文化与文艺工作者以社会主义核心价值观为引领进行文化作品创作，为人民群众提供高质量的精神文化产品，丰富精神文化世界，提升精神生活质量，推动人民群众精神生活走向共同富裕。

参考文献

[1] 潘素洁．用核心价值观培育新时代新青年［J］．人民论坛，2018，（30）：110-111.

[2] 郑晨梓．社会主义核心价值观对思想政治教育的引领——评《社会主义核心价值观融入大学生思想政治教育研究》［J］．科技管理研究，2023，43（10）：258.

[3] 李方芹，杨卫宏．大中小学社会主义核心价值观一体化教育：价值意蕴、实践困境与优化路径［J］．安徽商贸职业技术学院学报，2023，22（02）：66-70.

[4] 那荣文欣．新媒体视阈下大学生社会主义核心价值观培育研究［D］．大庆：东北石油大学，2023.

[5] 何启刚．让社会主义核心价值观深入人心［J］．人民论坛，2021，（Z1）：65-67.

传承中华优秀传统文化教育

在 5000 多年文明发展中孕育的中华优秀传统文化是中华民族的精神命脉，是涵养社会主义核心价值观的重要源泉，也是我们在世界文化激荡中站稳脚跟的坚实根基。中国共产党第十九届中央委员会第五次全体会议《建议》提出："传承弘扬中华优秀传统文化。"传承弘扬中华优秀传统文化，是推进社会主义文化强国建设、提高国家文化软实力的重要内容。传承弘扬中华优秀传统文化，必须坚持创造性转化、创新性发展。新的时代条件下，我们要传承弘扬好中华优秀传统文化，深入挖掘其中的价值内涵，进一步激发中华优秀传统文化的生机与活力，为中华民族伟大复兴筑牢深厚文化根基、提供强大精神力量。

一、中华优秀传统文化的丰富内涵

中华优秀传统文化就是中华民族基于社会实践，在历史发展过程中所形成的相对稳定的精神品格、价值取向和行为方式，并由之而构成的一整套关乎思维方式与伦理规范的文化道德体系。从广义上讲，中华优秀传统文化是指中华民族发挥主观能动性，通过认识世界和改造世界所形成的各类物质的、精神的和制度层面的中华文明的结晶，具有物质文化、精神文化和制度文化三种表现形态。从狭义上看，中华优秀传统文化仅仅指中华民族的精神文化，即中华民族认识和改造世界的各类先进精神活动，包括意识形态、思想观念、道德规范和其他精神成果。

中华优秀传统文化是民族的、经典的、发展的、开放的，是中华民族不断累积、沉淀、演化、交融而形成的具有中华民族群体特征的独特文化标识，具有历史性、传承性、稳定性以及民族性等特征，体现在中华民族的世界观、人生观、价值观和审美观之中，其核心部分融入中华民族的血液，成为中华民族最根本、最深厚的文化基因，它不仅仅包括物质形态，还指向思想观念和价值取向，是“一种从过去开始，融入现在，直指未来的意识趋向和客观实在”。概而言之，中华优秀传统文化就是中华民族对中华文明历史进行自我反省、自我总结、自我构建的物化成果，中华优秀传统文化的传承就是把中华文化传统诠释由自发自在状态推向新时代自觉自为状态的理论与实践。

中共中央办公厅、国务院办公厅印发的《关于实施中华优秀传统文化传承发展工程的意见》（中办发〔2017〕5 号）明确提出中华优秀传统文化的主要内容：一要充分挖掘中华优秀传统文化中蕴含的核心思想理念。二要传承和弘扬中华传统美德。三要坚守中华人文精神。三者的关系如同人的骨骼、经络和血肉，具有内在的层次性和系统性。

（一）核心思想理念

中华优秀传统文化的核心思想理念，体现了中华优秀传统文化的文化传统和价值内核。中华优秀传统文化蕴含的天人合一的整体性思维，天下惟器的朴素唯物主义思想，有无相生的朴素辩证法，苟日新日日新的进取观，贵中尚和的价值追求等，背后有一个共同的“至于道”的基本内核。一方面，华夏文明生成于传统农耕文明，在宗法社会结构中形成了伦理—政治型文化，通过对天人关系的思考，落脚在人与人的关系问题上，以内圣外王为最高追求，倡导修身齐家治国平天下的政治追求；另一方面，中华民族历来注重理性实用，注重寻天道而重人事。强调为政以德、政在养民等政治理想，这体现了古圣贤对于理性精神的追求。

（二）中华传统美德

中华传统美德，体现了中华优秀传统文化的文化类型和道德精髓。特别是其中的伦理特性，联结着中华民族的团结和谐统一，整合着中国社会的安全稳定秩序，牵绕着中华儿女的情感梦想灵魂。中华优秀传统美德能够为受教育者提供道德标准和行为规范，为其加强思想道德素质提供实践指导。中华优秀传统美德的重要内容，标记着传统文化的鲜明底色，传递着中华优秀传统文化道德精神，为时代新人涵育社会主义核心价值观提供了丰富道德教育资源。

（三）中华人文精神

中华人文精神，体现了中华优秀传统文化的文化属性和人格追求，为处理人际关系、社会交往提供了方法论。中华人文精神为中华民族创新创造活力提供了激励作用，为中华民族编织了与众不同的精神生活世界，其中溢满崇尚仁爱的为人之道，求同存异的处事方法，内圣外王的理想抱负，自强不息的进取精神，文以载道的教化观念，兼收并蓄的博大胸怀，形神兼备的美学追求，俭约自守的生活理念等，为中华民族独特丰富的文艺、技术、人文学术提供了丰富滋养，为人类文明史添加了厚重的中国神韵和中国底色。

二、传承中华优秀传统文化教育的政策梳理

1.《完善中华优秀传统文化教育指导纲要》

——2014 年 3 月 26 日，教育部印发《完善中华优秀传统文化教育指导纲要》（教社科〔2014〕3 号）（以下简称《纲要》）。《纲要》主要内容包括开展以天下兴亡、匹夫有责为重点的家国情怀教育；开展以仁爱共济、立己达人为重点的社会关爱教育；开展以正心笃志、崇德弘毅为重点的人格修养教育。通过家国情怀、社会关爱和人格修养三个层面的教育，培养青少年学生做有自信、懂自尊、能自强，高素养、讲文明、有爱心，知荣辱、守诚信、敢创新的中国人。

2.《关于支持戏曲传承发展的若干政策》

——2015 年 7 月 17 日，国务院办公厅印发的《关于支持戏曲传承发展的若干政策》（国办发〔2015〕52 号）（以下简称《政策》）对外公布。《政策》提出，力争在“十三五”期间，健全戏曲艺术保护传承工作体系、学校教育与戏曲艺术表演团体传习相结合的人才培养体系，完善戏曲艺术表演团体体制机制、戏曲工作者扎根基层潜心事业的保障激励机制，大幅提升戏曲艺术服务群众的综合能力和水平，培育有利于戏曲活起来、传下去、出精品、出名家的良好环境，形成全社会重视戏曲、关心支持戏曲艺术发展的生动局面。

3.《关于进一步加强文物工作的指导意见》

——2016 年 3 月 8 日，国务院发布《关于进一步加强文物工作的指导意见》（国发〔2016〕17 号）（以下简称《意见》）。《意见》共分 7 个部分 28 条，围绕当前文物工作中存在的突出问题，在落实责任、加强保护、拓展利用、严格执法等方面作出了部署。

4.《关于实施中华优秀传统文化传承发展工程的意见》

——2017 年 1 月 25 日，中共中央办公厅、国务院办公厅印发《关于实施中华优秀传统文化传承发展工程的意见》（中办发〔2017〕5 号）（以下简称《意见》），首次以中央文件形式专题阐述中华优秀传统文化传承发展工作。《意见》分为 4 方面内容共 18 条，从理论和实践层面讲明了为什么传承发展、传承

发展什么、怎样传承发展的问题。

5.《中国传统工艺振兴计划》

——2017 年 3 月 24 日，国务院办公厅转发了文化部、工业和信息化部、财政部《中国传统工艺振兴计划》（国办发〔2017〕25 号）（以下简称《计划》），部署促进中国传统工艺的传承与振兴。《计划》提出了 10 项主要任务，主要包括建立振兴目录；扩大非物质文化遗产传承人队伍；将传统工艺作为中国非物质文化遗产传承人群研修研习培训计划实施重点；加强传统工艺相关学科专业建设和理论、技术研究；提高传统工艺产品的设计、制作水平和整体品质等内容。

6.《革命传统进中小学课程教材指南》《中华优秀传统文化进中小学课程教材指南》

——2021 年 1 月 8 日，教育部制定了《革命传统进中小学课程教材指南》和《中华优秀传统文化进中小学课程教材指南》（教材〔2021〕1 号）。“两个指南”对革命传统和中华优秀传统文化进中小学课程教材的基本原则、总体目标、主要内容、载体形式、学段和学科要求等，做了统筹设计和科学安排，强调素养导向、系统规划和全科覆盖。

7.《关于推动传统工艺高质量传承发展的通知》

——2022 年 6 月 28 日，文化和旅游部、教育部、科技部等十部门印发《关于推动传统工艺高质量传承发展的通知》（以下简称《通知》），努力推动传统工艺实现创造性转化、创新性发展，更好服务经济社会发展和人民高品质生活。《通知》部署了加强传统工艺项目保护、建设高素质传承人才队伍、促进传统工艺发展振兴、加大传统工艺宣传推广 4 个方面的重点任务。

三、传承和弘扬中华优秀传统文化的路径

不忘本来才能开辟未来，善于继承才能更好创新。新的时代条件下传承弘扬好中华优秀传统文化，要本着科学的态度，坚持古为今用、洋为中用，辩证取舍、推陈出新，高质量推动中华优秀传统文化创造性转化、创新性发展。

（一）调动社会参与积极性，构建多元化协同传承发展体系

从我国相关部门机构的角度来说，在促进中华优秀传统文化传承发展期间应当积极尝试对主体工作职能进行转变，促进服务意识提升，将自身在中华优秀传统文化传承发展中的引导作用与推动职能充分发挥出来。在中华优秀传统

文化传承发展体系中，各部门应当把控大局，加紧与其他相关部门之间的协作合作，尽可能规避责任划分不清或者各自为政的问题。党员干部应当将自身的先锋模范作用充分发挥出来，积极引导传统文化的传承与发展，并密切与地方建设活动有效结合。此外，各部门需要积极引导广大群众、企事业单位，以及社会组织等主体共同参与中华优秀传统文化传承发展过程，调动各方主体的积极性与创造性，形成协同配合的全新发展局面。

（二）加大宣传教育力度，促进文化自觉与文化认同形成

中华优秀传统文化传承发展有非常重要的现实意义与价值，“文化立人”的重要性在中华优秀传统文化传承发展中进一步凸显，而将优秀传统文化与学校教育相结合，选取有价值的中华优秀传统文化融入学校教育全过程，并结合多种教育形式，可发挥思政课程在中华优秀传统文化传承发展中的重要价值与功能，同时提升学生对中华优秀传统文化的自信心与认同感。在全新时代发展背景下，中华优秀传统文化传承发展的形式多样，传播载体也呈现出多样化的发展趋势，包括文学、美术、电影、音乐等，因此需要积极探索群众文化需求及审美的特点，有针对性地展开对中华优秀传统文化的传承发展。在此期间，需要充分发挥线下公共文化服务机构的文化传播优势，形成有力的传播渠道，将现代多媒体技术与传播方式相结合，体现文化宣传工作的生动性与新颖性。

（三）全面强化研究阐释，契合新时代要求

新时代背景下为促进中华优秀传统文化的传承与发展，需进一步深入挖掘文化内涵，并通过整理分类的方式，提高文化传承发展的针对性水平。在此期间，各部门机构必须以辩证眼光对文化传承发展中的优秀文化内容进行提取与挖掘，实事求是展开传统文化的挖掘与利用工作。在中华优秀传统文化传承发展期间，创新性特色能否体现与传统文化是否能够在传承发展中体现鲜活生命力存在密切关联，相关人员需要深入分析中华优秀传统文化所蕴含精神要义，将新时代发展与中华优秀传统文化传承发展相连接，将传统文化的优势与独特魅力充分展现出来。文化传承中应当充分理解传统文化蕴含的内在价值与特征，以更加通俗的语言与方式呈现传统文化内涵，达到创造性转化的目的。

（四）基于对信息化资源的利用，对文化传承发展方式进行创新

在互联网技术快速发展背景下，基于网络多媒体技术平台对中华优秀传统文化进行传承与发展成为必然方向与趋势之一。在推动中华优秀传统文化传承发展的过程中，将新媒体技术与终端应用于文化传承中，打造符合民族传统文

化特色的全新多媒体传播平台，以进一步扩大文化影响力与受众的覆盖面。同时，利用网络学习平台设置面向中华优秀传统文化传承发展的互动模块，为受众提供提问交流的机会。另外发挥直播优势，借助直播平台及短视频平台引流优势，增强视频吸引力与互动性，让更多的人参与到中华优秀传统文化传承发展过程中。除此以外，还可发挥 VR 技术优势，对优秀传统文化展览形式进行创新，在多媒体技术辅助下带给广大受众沉浸式体验，拉近其与中华优秀传统文化的距离。

（五）基于多方探索，构建文化传承发展保障系统

首先，需要针对中华优秀传统文化传承发展活动的开展形成统一管理体制。在新时代背景下，中华优秀传统文化传承发展需要多个部门的积极协作与配合。其次，需要对法律法规进行完善。现阶段中华优秀传统文化传承发展仍然处于起步阶段，法律规范还存在一定的缺失，需要从法律法规角度完善中华优秀传统文化保护机构的建设内容，为中华优秀传统文化传承发展提供法治保障与支持。再次，需要结合现阶段中华优秀传统文化传承发展情况，落实人才教育制度，鼓励广大受众参与传统文化保护活动，以达到推动专业人才队伍成长发展的目的。最后，需要重视资金支持。在中华优秀传统文化传承与发展过程中积极引导社会机构或部门组织参与其中，加大基础设施建设力度，尤其重视文化传播重点场所，如活动室、图书馆等的建设力度，也可通过此种方式为文化传承发展提供重要保障。

参考文献

[1] 张韩．知行合一视域下大学生中华优秀传统文化教育路径研究［D］．长春：长春师范大学，2022.

[2] 刘垚．中华优秀传统文化融入高校思想政治教育路径研究［D］．延安：延安大学，2023.

[3] 李红兵．关于中华优秀传统文化传承研究的学术综述［J］．中国矿业大学学报（社会科学版）2023，25（04）：1-12.

[4] 杨志娟．数字化转型背景下民族地区中小学中华优秀传统文化教育新范式［J］．民族教育研究，2023，34（02）：143-149.

[5] 肖望兵．中华优秀传统文化融入高校思想政治教育的价值意蕴及路径选择［J］．当代教育论坛 2023，（04）：55-62.
[6] 王韵涵，刘友田．新时代中华优秀传统文化的传承发展路径研究［J］．文化创新比较研究，2023，7（14）：193-198.

坚持依法治教，弘扬尊师重教

回望中华人民共和国自成立以来的发展历程，可以发现这是一个国家综合实力不断增强，不断繁荣昌盛的进程。党的十九届四中全会提出，到2035年基本实现各方面制度更加完善，国家治理体系和治理能力现代化基本实现的目标。此要求表明当前我国发展的重要方向为建设一个法治化国家，构建完整的法律规范体系、高效的法治实施体系、严密的法律监督体系以全面落实依法治国。

教育在当前全球化背景下受到越来越多的关注及重视，处于优先发展的战略地位。而法治作为人类文明的理性成果，为社会各项事业的发展提供了有力的保障。教育作为社会发展的重要途径之一，依法治教则成为保证教育事业顺利发展的必要条件。

教育法治建设一直是我国教育工作稳步发展的重要保障。从20世纪80年代至今，中国教育法治建设取得了长足进步，现已形成了一系列完善的法律法规体系，这为教育工作的有序开展提供了保障。本节将回顾从新中国成立至今我国教育法治建设发展轨迹和特点，为读者深入了解这一阶段的教育法治化提供参考。

一、1949—1977年：曲折探索阶段

新中国成立初期我国的教育水平相对落后，教育事业面临着巨大的挑战和任务。在这一阶段我国并未颁布任何一部教育实体法律，但党和国家通过一系列政策纲领和改革措施，为教育事业的发展和教育法治的思想启蒙奠定了基础。

（一）1949—1952 年：建立社会主义教育体系的探索

1949 年 9 月 29 日，中国人民政治协商会议第一届全体会议通过《中国人民政治协商会议共同纲领》。该纲领第五章重点针对文化教育领域从教育基本性质、教育内容、教育方法、普及教育等方面进行阐述。纲领指出“中华人民共和国的文化教育为新民主主义的，即民族的、科学的、大众的文化教育。人民政府的文化教育工作，应以提高人民文化水平、培养国家建设人才、肃清封建的、买办的、法西斯主义的思想、发展为人民服务的思想为主要任务”。《中国人民政治协商会议共同纲领》提出了坚持教育与生产劳动相结合的原则，强调实施普及的义务教育制度，并推动全民族的文化教育事业，这为我国教育事业的改革和发展奠定了基础。

尽管《中国人民政治协商会议共同纲领》不能看作完整法律，但在当时意义重大，因为该文件不仅指明了新中国发展的目标和各级人民政府及全国人民应当遵守的基本准则，也是第一次将教育事业赋予法律权力。

（二）1952—1977 年：教育法治思想的启蒙

从 1952 年到 1977 年，我国教育法治建设进入了一个启蒙阶段，尽管并未颁布教育实体法律，但已经呈现出教育法治的思想启蒙，在这一时期，党和国家通过一系列政策纲领和改革措施来实现教育的改革。

1952 年，中共中央发布《中共中央关于推进教育改革的决定》，明确提出了“教育为人民、面向劳动、为社会主义服务”的方向，这标志着我国教育事业向社会主义现代化教育转变的开始。该决定还提出了普及九年义务教育的目标，并推动了学制和学校管理体制的改革。

1954 年中华人民共和国第一届全国人民代表大会第一次会议以全票同意的《中华人民共和国宪法》，即五四宪法，是我国第一部正式宪法。该宪法规定了我国国家机构、公民的基本权利和国旗、国徽、首都等基本内容，其中明确了国务院管理教育各项事业的职权，并以法律的形式规定受教育是所有公民的权利等。这一系列规定使我国教育事业被赋予法律色彩，也为后来的教育法治打下了重要基础。总之，五四宪法的通过与实施，推进了人民民主政权建设的发展，开启了社会主义民主与法治建设的新纪元。

1957 年，《中共中央关于新民主主义教育改革的决议》提出了实行全面的、多层次的社会主义教育制度的任务，明确了加强教育管理和教师培训的目标。该决议为我国教育的改革和发展指明了方向，并对教育法治思想的形成起到了重要作用。

在这一时期，还出现了一系列与教育相关的法规和规章，如《中华人民共和国宪法》《中华人民共和国婚姻法》《中华人民共和国民族区域自治法》等。虽然这些法规并非专门针对教育领域，但其中的一些规定和原则对于教育法治的思想启蒙具有一定的影响。

（三）1949—1977 年：教育法治建设的特点和局限

在此时期，我国教育法治建设呈现出以下特点和局限。

（1）思想启蒙阶段：虽然尚未形成完整的教育实体法律体系，但通过一系列政策纲领和改革措施，教育法治思想开始在实践中得到启蒙并逐渐形成。

（2）改革导向的探索：在这一阶段，我国教育法治建设主要集中在教育体制和管理体制的改革上，这为后续教育法治化打下基础。

（3）稍显薄弱的法律保障：尽管出现了一些教育相关的法规和规章，但在整体上，教育法治建设的法律保障还相对薄弱，缺乏系统和完善的法律体系。

二、1978—2011 年：中国特色教育法律体系基本形成

改革开放之后，我国的政治、经济、文化建设趋于稳定，教育法治建设也进入了一个新的阶段。在这一阶段，我国正式颁布了 8 部教育实体法，具体包括《中华人民共和国学位条例》《中华人民共和国义务教育法》《中华人民共和国教师法》以及一系列行政法规和地方性政府规章等，这些法律和规章规定了教育领域中的权利和义务，推动了我国教育法治建设的发展。

（一）1978—1990 年：教育法治化的起步

自 1978 年以来，我国实施了一系列的改革开放政策，教育也成为重要的改革领域之一。在这一时期，我国教育法治化进程起步，一些基本的教育法律法规开始出台。其中，1978 年颁布的《中华人民共和国学位条例》被视为我国教育法治建设的里程碑之一，该条例规定了学位的授予条件和程序，为我国高等教育颁发学位等相关事项提供了法律依据。

此外，1986 年通过的《中华人民共和国义务教育法》也是该时期的重要成果，该法明确了义务教育的普及和保障原则，规定了义务教育的内容、年限和管理机制，为我国义务教育的发展奠定了基础。

（二）1990—2011 年：教育法治化进一步深化

进入 20 世纪 90 年代，我国教育法治建设进一步深化和完善。这一时期，

教育法律法规的颁布与修订更加频繁，涉及的领域也更加广泛。

1993年，《中华人民共和国教师法》正式颁布，明确了教师的权利和义务，规范了教师的职业行为和专业素养要求。该法对于提高教师队伍的整体素质和保障教育质量起到了重要作用。

1995年，《中华人民共和国教育法》颁布实施，该法是我国教育法律体系的基础和总纲。该法规定了教育的基本任务、教育的质量保障和改进、教育的管理体制和监督等方面的内容，为我国教育事业的全面发展提供了法律依据。

此外，还有一系列与教育相关的法律法规的制定，如《中华人民共和国教育事业法》《中华人民共和国高等教育法》《中华人民共和国职业教育法》等。这些法律法规进一步规范了各级各类教育机构的管理和运行，加强了教育质量的监控和评估，推动了我国教育整体进步和发展。

（三）教育法治建设的主要成果和特点

在该阶段，我国教育法治建设取得了一系列重要成果，具有以下主要特点。

（1）逐步完善的法律体系。我国教育法律法规逐渐形成了以《中华人民共和国教育法》为核心的法律体系，涵盖了学位授予、义务教育、高等教育、职业教育等各个层面和领域。

（2）教育权利的确立。教育法律法规明确规定了公民享有受教育的权利，并强调了教育的普及和平等。同时，也规定了政府和教育机构的责任和义务，保障了公民的受教育权利。

（3）教育质量的保障。教育法治建设注重提高教育质量，通过明确教育目标、加强教师管理和评价等手段，促进教育质量的提升。

（4）教育管理的规范化。教育法治建设规范了教育管理的程序和方式，强调了教育管理的科学性、公正性和透明性，加强了对教育机构和教育行政部门的监督和管理。

1978—2011年是中国教育法治建设的重要阶段，通过颁布教育实体法和行政法规，中国特色的教育法律体系基本形成。这一时期的教育法治建设推动了教育事业的科学发展，加强了教育行政管理和监督，保障了教育主体的权益。同时，教育法治建设取得的主要成果为教育法治的深入发展奠定了坚实的基础。在今后的发展中，中国将继续加强教育法治建设，进一步完善教育法律体系，促进教育事业的繁荣和进步。

三、2012年至今：新时代教育法治建设快速推进

自2012年以来，我国在法治建设方面取得了显著进展。党的十八届四中全会提出了全面推进依法治国的总目标，明确了建设中国特色社会主义法治体系和社会主义法治国家的重要任务。在此背景下，教育领域也从过去的“教育法治”观念转变为“教育法治”理念，强调法律的实际运行和操作，以及党内法规制度体系的建设，并呈现出以下特点。

（一）完善法律体系建设

中国在教育法律体系建设方面取得了重要进展。国家制定和修订了一系列教育法律法规，如《中华人民共和国教育法》《义务教育法》《高等教育法》等，为教育的组织、管理、运行等提供了明确的法律依据。此外，还制定了一系列教育行政法规和地方性法规，进一步规范了教育行政管理。

（二）规范党内法规制度体系建设

教育党内法规制度体系建设是中国教育法治建设的重要组成部分。中国共产党在党内制定并执行党内法规，规范党员和党组织的行为。在教育领域加强了党内法规的制定和修订工作，能够确保党内法规与时俱进、适应教育发展的需要。

（三）加强法治宣传教育

注重加强法治宣传教育，增强公民的法治意识和法律素养。教育部门通过广播、电视、报刊、互联网等媒体渠道，开展大规模的法治宣传活动，普及法律知识，引导全社会关注教育法律，提高法治素质。同时，在学校、企事业单位、社区等各个领域加强法治教育的普及，培养全社会的法治观念。

（四）加强法律援助和保障

加强了教育法律援助和保障工作，保障教育工作者和学生的合法权益。建立了教育法律援助制度，为教育工作者和学生提供法律咨询、援助和代理服务，帮助他们维护自身权益，解决法律纠纷。同时，加强了教育工作者的法律培训和教育，提高他们的法律意识和素质。

（五）推进教育法治实践和研究

加强了教育法治实践和研究工作，深化对教育法律的理论认识和实践经验的总结。各地教育行政机关积极探索教育法律的实际操作，加强对教育行政行为的监督和管理。同时，开展了大量的教育法律研究项目，促进了理论研究的

深化，为教育法治建设提供了学术支撑。

综上所述，2012 年至今，我国在教育法治建设方面取得了显著成果，完善了教育法律体系，加强了党内法规制度体系建设，加强了法治宣传教育，加强了法律援助和保障，推进了教育法治实践和研究。这些成果的取得，为中国教育的健康发展提供了坚实的法治保障，推动了教育公平、质量和效益的提升。

参考文献

[1] 管志琦. 我国教育法治建设的历史回顾与展望 [J]. 国家行政学院学报，2013（02）：69-73.

[2] 黄欣，吴遵民，高晓晓. 新中国教育法治建设的嬗变与展望 [J]. 终身教育研究，2020，31（01）：10-17.

[3] 陶琳，陈鹏. 论我国教育法治建设的价值取向及其完善 [J]. 学术探索，2014（05）：53-58.

[4] 陶琳，陈鹏. 我国教育法治建设价值取向的变迁逻辑与历史脉络 [J]. 国家教育行政学院学报，2014（03）：31-35.

成就篇

21世纪以来学前教育发展概览

学前教育是儿童发展的关键阶段，对他们的成长和未来具有重要的影响。首先，学前教育能够为儿童提供全面的发展机会，培养基础能力，如语言表达、社交技能、认知发展和情绪管理等。其次，学前教育有助于儿童的社会适应和人际关系的建立，培养良好的人际交往能力和合作精神。此外，学前教育对儿童的学习成就也有积极影响，能够提高儿童的学习动机和认知能力。最重要的是，学前教育的普及可以减少教育不平等现象，为每个孩子提供平等的教育机会，促进社会公平和包容。

21世纪以来，我国学前教育发展取得了显著的进展。我国政府高度重视学前教育，并将其纳入教育改革的重要议程，制定了一系列重要政策文件，如《国家中长期教育改革和发展规划纲要（2010—2020年）》和《学前教育管理条例》等，为学前教育的改革和发展提供了指导和保障。我国学前教育的发展意义重大，首先，学前教育是实现素质教育的重要起点，对培养德、智、体、美、劳全面发展的新一代具有关键性作用。其次，学前教育对缩小城乡、贫富差距，促进教育公平具有重要意义。最后，我国学前教育的发展还可以提高教育整体质量，培养具有创新能力、终身学习能力和适应未来社会需求的优秀人才。现从我国学前教育普及与发展、学前教育主要政策与立法、学前教育质量与改革三个方面认识我国学前教育发展情况。

一、学前教育普及与发展

随着政府的政策支持和投入增加，中国学前教育的普及率不断提高，取得了显著的进展。截至2022年，我国学前教育毛入园率达到了89.7%，比上年提高了1.6个百分点。这意味着越来越多的孩子有机会接受优质的学前教育，为他们的全面发展奠定了坚实的基础。

截至2022年全国共有幼儿园数量达到了28.92万所，其中普惠性幼儿园占比最高，达到了84.96%。普惠性幼儿园是指由政府提供财政资金支持，以合理可承受的价格为孩子们提供学前教育服务的机构。这一比例的提高意味着政府对学前教育的投入不断增加，致力于提供更多的普惠性学前教育机会。

同时，学前教育在园幼儿的数量也呈现出稳步增长的趋势。全国学前教育在园幼儿达到了4627.55万人，其中普惠性幼儿园在园幼儿占比为89.55%，比上年增长了1.77个百分点。这说明越来越多的家庭意识到学前教育的重要性，愿意将孩子送入学前教育机构接受专业的教育。

为了提高学前教育的质量，中国还致力于加强学前教育师资队伍的建设和培养。全国共有学前教育专任教师324.42万人，比上年增长了1.67%。专任教师的学历合格率达到了99.39%，专科及以上学历比例为90.30%。这表明我国学前教育师资队伍的整体素质不断提高，教师们具备了更专业的知识和技能，能够为孩子们提供更好的教育服务。

这些数据和指标反映出中国学前教育入园率的提高以及普及化进程取得了显著的成就。然而，学前教育的发展仍然存在一些挑战，如城乡差距和教育资源不均衡等问题。政府应继续加大对学前教育的支持和投入，进一步提高学前教育的质量和覆盖率，确保每个孩子都能够享受到优质的学前教育，为他们的成长和发展奠定良好的基础。同时，还需加强学前教育机构的管理和监督，提高教师的待遇和职业发展空间，吸引更多优秀的人才从事学前教育工作，推动学前教育事业持续健康发展。

二、学前教育主要政策与立法

学前教育政策与立法是推动学前教育发展的重要保障和支持。2001年，《国家中长期教育改革和发展规划纲要（2010—2020年）》将学前教育纳入国家教育事业发展的统筹规划。在过去几十年里，政府制定了一系列重要政策法规，致力于提高学前教育的普及率、质量和公平性。这些政策法规的实施取得了显著成就，促进我国学前教育事业稳定健康发展，以下展开相关论述。

（一）《中共中央国务院关于深化教育改革全面推进素质教育的决定》（以下简称《决定》）中对学前教育作出重要的规划和要求

学前教育的重要性：《决定》指出，学前教育是教育体系的重要组成部分，是培养儿童基本素质和发展潜能的关键阶段。要加强学前教育，提供优质的学前教育服务，为儿童全面发展打下坚实基础。

学前教育普及率的提高：《决定》要求加大学前教育资源的供给力度，提高学前教育的普及率。要积极推进农村和贫困地区学前教育事业发展，确保每个适龄儿童都能享受到优质的学前教育服务。

提高学前教育质量：《决定》强调提高学前教育质量是关键任务。要制定学前教育课程标准，建立健全评价体系，提高教师专业水平，加强学前教育机构的管理和监督，确保学前教育质量可控可评。

推进学前教育与义务教育的衔接：《决定》强调学前教育与义务教育的衔接是教育体系连贯性和协同性的重要环节。要加强学前教育与小学阶段的衔接，建立健全过渡机制，确保儿童平稳过渡，顺利进入小学阶段。

促进学前教育的综合改革：《决定》要求推进学前教育的综合改革，包括改革学前教育的管理体制和机制，加强对学前教育的规范管理和监督，建立健全学前教育质量监测和评估体系。

加强学前教育师资队伍建设：《决定》强调加强学前教育师资队伍的建设，提高教师的专业素养和教育能力。要加大对学前教育教师的培训力度，提高他们的专业水平和工作质量。

（二）学前教育主要法律法规的出台与修订

《中华人民共和国义务教育法》（2006 年修订）明确了学前教育的法律地位，强调了国家对学前教育的保障责任。相关法律条款明确了学前教育的基本内容、质量要求以及学前教育机构的管理等方面。

《中华人民共和国教育法》（2021 年修订）是我国学前教育法律体系中的重要组成部分。该法规定了学前教育作为义务教育的组成部分，明确了学前教育的入学年龄、学制和教育内容。这部法律的修订，为学前教育与义务教育的衔接提供了法律依据。

《中华人民共和国学前教育法》是 2018 年 9 月 7 日被纳入全国人大常委会立法规划的一类立法项目，拟在十三届全国人大常委会任期内提请审议。2023 年 6 月 2 日，国务院常务会议讨论并原则通过《中华人民共和国学前教育法（草案)》，决定将草案提请全国人大常委会审议。

这些法律法规的出台与修订，反映了我国对学前教育发展的高度重视和制度保障。通过法律法规的制定和修订，学前教育行业得到了规范，学前教育机构的办学行为得到了约束，教师的职业素养得到了提高，学前教育的质量得到了保障。同时，这些法律法规的出台与修订也为学前教育的改革和发展提供了法律基础和指导，推动了学前教育事业的进步与创新。

（三）学前教育主要政策指导文件和实施措施

《幼儿园教育指导纲要（试行)》从2001年9月起试行。该纲要以儿童的身心发展为中心，以促进幼儿全面发展为目标，以社会主义核心价值观为核心，注重培养幼儿的智慧、人文素养等方面的综合能力，为幼儿园的教育工作提供了指导和规范，促进了幼儿园教育的健康发展。幼儿园教育将在政策的引导下，不断优化教学内容和方法，提高教育质量，为幼儿的全面发展奠定坚实的基础。

《幼儿园工作规程（试行)》(已废止，由中华人民共和国国家教育委员会令第25号代替）是我国第一部规范幼儿园内部管理的规章，也是基础教育领域比较早的一部管理规章，为了规范幼儿园内各项工作的开展，确保幼儿园的正常运行和幼儿的健康成长而制定的规定和要求。下发20多年来在加强各级各类幼儿园的规范管理等方面发挥了重要作用。《幼儿园工作规程》（以下简称《规程》)是2016年3月1日中华人民共和国教育部正式发布的工作制度。在新《规程》中特别针对坚持立德树人、强化安全管理、规范办园行为、注重与法律法规和有关政策的衔接、完善幼儿园内部管理机制等相关内容作出了更明确的规定。工作规程的制定和执行，是新形势下加强学前教育规范管理的需要，是推进幼儿园管理规范化和科学化的需要，更是实施依法治教的需要。

《3~6岁儿童学习与发展指南》（以下简称《指南》)于2012年10月9日由教育部正式颁布，该《指南》从健康、语言、社会、科学、艺术五个领域描述幼儿学习与发展，明确了儿童学习与发展的关键领域。同时，针对当前学前教育普遍存在的困惑和误区，为广大家长和幼儿园教师提供了具体、可操作的指导、建议，指明了幼儿园在培养儿童的多方面能力和素质发展方面的任务和目标。未来它将引领幼儿教育工作者和家长在教学实践中更好地关注儿童个体的差异，提供个性化的教育支持，为儿童的全面发展创造良好的条件。

这些指导文件和实施措施为我国学前教育的改革和发展提供了政策支持和指导，推动了学前教育的普及、质量的提升以及师资队伍的建设。通过落实这些政策措施，我国学前教育将迈向更高水平的发展，为儿童的全面发展奠定坚实基础。

三、学前教育质量与改革

（一）学前教育质量现状

如前文所述，我国学前教育事业发展取得了显著成绩，但也存在一些问题。首先是资源分配不均衡，一线城市和发达地区的学前教育资源相对丰富，而农村和欠发达地区的学前教育资源相对匮乏。其次是师资力量不足，一些地区缺乏高素质的学前教育师资队伍。同时，学前教育的教学内容、方法和评价体系也需要进一步完善，以满足儿童的全面发展需求。

（二）学前教育改革的重要举措

为提高学前教育质量，我国采取了一系列改革措施。首先是加大政府投入，国家相继出台了一系列政策文件，明确了学前教育的发展目标和政府投入的责任；政府加大了对农村和欠发达地区学前教育的资金支持，增加了学前教育资源的供给。

其次是加强师资队伍建设。国家出台了一系列政策措施，提高学前教育师资的待遇和职业发展空间，吸引更多的高素质人才从事学前教育工作。同时，加强对学前教育师资的培训，提升其教育教学能力。

再次是改进教学内容和方法。学前教育注重儿童的身心发展，以游戏为主要形式，通过充实的教育资源和多样化的教学活动，培养儿童的综合能力。教学内容更加注重培养儿童的语言表达、社交合作和创造力等方面的能力。

最后是推动学前教育评价体系的改革。学前教育评价体系从注重对儿童知识的测试，转变为注重对儿童综合发展的评价。采用多元化的评价方式，包括观察记录、综合评价和家长评价等，更加全面、客观地评估儿童的学习情况和发展水平。

（三）学前教育改革的成效

通过学前教育改革，我国取得了一些显著的成效。学前教育的普及率不断提高，学前教育的覆盖面扩大，农村和欠发达地区的学前教育条件逐渐改善。学前教育师资队伍建设取得了一定进展，一些地区的学前教育师资水平明显提高。教学内容和方法的改进，使得学前教育更加注重儿童的全面发展，儿童的学习积极性和创造力得到了有效激发。

四、结语

目前，我国制定了一系列法律法规和政策文件，明确了学前教育的发展目标、原则和政策措施。例如，《中华人民共和国义务教育法》和《学前教育法》等法律法规明确规定了学前教育的义务性和普及目标，为学前教育的发展提供了坚实的法律基础。

同时，我国相继出台了一系列学前教育政策文件，如《学前教育行动计划》《学前教育质量提升三年行动计划》等。这些政策文件明确了学前教育的发展目标和重点，提出了一系列具体的政策措施，包括加大资金投入、扩大普惠性学前教育覆盖范围、提高教师素质、改善教育环境等，为学前教育的全面发展奠定了坚实的基础，推动了学前教育政策的创新和实施。

更重要的是我国为学前教育机构提供了大力发展的空间和支持，鼓励他们探索新的教育模式、教学方法和管理机制。学前教育机构在制度自信的引导下，积极探索提升教育质量的有效途径，注重培养儿童的综合能力，促使从业人员积极创新和改革。

未来我国学前教育的改革将继续深化，重点会放在提高学前教育质量和均衡发展上，继续加大对农村和欠发达地区学前教育的支持力度，加强师资队伍建设，改进教学内容和方法，完善评价体系。同时，加强学前教育与小学教育的衔接，为儿童的顺利过渡和持续发展提供支持和保障。在未来的发展中，我们应继续保持制度自信，进一步完善学前教育的制度建设，推动学前教育向着更高水平迈进。

21世纪以来义务教育发展概览

义务教育是根据法律规定，适龄儿童和青少年都必须接受，国家、社会、家庭必须予以保证的国民教育。在我国，义务教育是国家的基本教育制度，对于个人的全面发展、社会的稳定与繁荣具有重要的意义。我国实施了九年义务教育制度，并不断完善教育法律法规。九年义务教育制度的实施，保障了每个学生都能接受九年义务教育，推动了义务教育的普及。同时，政府加大了对义务教育法律法规的修订和完善，建立了健全的教育管理制度，加强了对教育质量的监督和评估，提高了义务教育的规范化水平。中国注重义务教育的质量提升和教育改革创新。通过推进素质教育、学科教育、教育信息化等方面的改革，提高了教育教学质量，培养了更多的创新人才。同时，推动了义务教育课程改革，注重培养学生的综合素质和创新能力，推进了教育观念的更新和教育方式的改变。现从我国义务教育发展的成就与挑战、重要政策法规与改革措施、义务教育法治建设特征三个方面概述义务教育发展情况。

一、我国义务教育发展的成就与挑战

党中央、国务院高度重视义务教育。进入21世纪以后，特别是2008年秋季学期开始，我国全面实施义务教育免费制度，加速了我国义务教育的全面普及。我国义务教育在实现全面普及的基础上，仅用10年左右时间就实现了县域基本均衡发展，成为我国义务教育发展史上又一个新的里程碑。到2035年我国将全面实现义务教育优质均衡发展。下面对我国义务教育发展取得的巨大进步和显著成就做简要概述。

（一）教师队伍建设取得突破

2000 年，全国共有义务教育阶段专任教师 914. 72 万人，小学教师学历合格率 96. 9%，小学生师比 22. 21∶1；初中教师学历合格率 87%，生师比 19. 03∶1。2022 年，全国共有义务教育阶段专任教师 1065. 46 万人。小学阶段专任教师学历合格率 99. 99%，专任教师中本科以上学历比例 74. 53%，生师比 16. 19∶1；初中阶段教育专任教师学历合格率 99. 94%，专任教师中本科以上学历比例 91. 71%，生师比 12. 72∶1。

国家相继出台和落实系列教师队伍建设政策，全面建立和完善教师培养、准入、专业发展、管理、地位和待遇保障的相关制度和机制，深入推进高素质专业化创新型教师队伍建设，教师职业吸引力明显增强，教师队伍建设进入全面提质增效新阶段。

（二）办学条件大幅改善

良好的办学条件是人才培养的重要保障，我国普通中小学校办学条件持续改善。据统计，2000 年，全国普通中小学校舍建筑面积 113，402 万平方米。小学理科实验设备、教学分组实验和图书达标学校占小学总校数的比例分别是：45. 13%、39. 93%和 65. 22%。普通初中理科实验设备、教学分组实验和图书达标学校占初中总校数的比例分别是：72. 74%、69. 65%和 75. 15%。2022 年，全国普通中小学校舍建筑面积 167610 万平方米。全国普通小学设施设备配备达标的学校比例情况分别为：体育运动场（馆）面积 93. 52%，体育器械 97. 07%，音乐器材 96. 81%，美术器材 96. 79%，数学自然实验仪器 96. 62%。全国初中设施设备配备达标的学校比例情况分别为：体育运动场（馆）面积 95. 68%，体育器械 98. 08%，音乐器材 97. 88%，美术器材 97. 88%，理科实验仪器 97. 75%。相较于 2000 年，义务教育学校办学条件得到根本改观，学生学习生活条件大幅改善、校园环境更加温馨。

（三）财政投入全面保障

从国家财政性教育经费投入情况看，一是各级教育之间，义务教育占比最高，国家财政性教育经费中用于义务教育的经费基本保持在 50%以上。二是体现了“促公平”，中央对地方教育转移支付资金 80%以上用于中西部地区。“三区三州”等深度贫困地区财政性教育经费年均增长 10. 9%，高出全国年均增幅 2. 7 个百分点。三是体现了“提质量”。支出重点逐步从硬件建设向软件建设转变，更加注重教育质量的提升。

在看到义务教育取得的巨大成绩时，我们也要看到在义务教育办学条件改善方面仍存在一些问题和挑战。城乡教育发展不平衡、教育资源分配不均等问题仍然存在，一些农村地区和偏远地区的学校办学条件仍相对较差。此外，校舍建设和教育设施的更新与维护也需要进一步加强。

二、重要政策法规与改革措施

（一）《中华人民共和国义务教育法》的出台

《中华人民共和国义务教育法》是我国教育领域的核心法律，旨在确保每个学龄儿童和青少年接受九年义务教育。该法律的出台与修订对于规范义务教育的实施、保障学生权益和提高教育质量具有重要意义。《中华人民共和国义务教育法》于1986年首次颁布实施，是我国教育领域的首部专门立法。该法律明确规定了国家对义务教育的保障责任，规范了义务教育的组织、管理、质量和监督等方面的内容。它对义务教育的性质、任务、义务教育学校的设置与管理、教育内容与标准、师资队伍建设、质量监控与评价等进行了详细规定，为义务教育的实施提供了法律基础。

（二）《中华人民共和国义务教育法》的修订

随着社会的发展和教育改革的推进，我国对《中华人民共和国义务教育法》（以下简称《义务教育法》）进行了多次修订，以适应时代的需求和教育的发展。这些修订主要包括以下几个方面的内容。

1. 加强教育质量保障

为提高义务教育的质量，修订后的《义务教育法》强调加强教育质量的保障措施。法律规定了教育部门和学校应当加强师资队伍建设，提高教师的专业素养和教学水平。同时，对教育教学的质量监控与评价、学生综合素质发展的评价等方面也进行了规定。

2. 优化教育资源配置

为了促进教育公平，修订后的《义务教育法》加强了对教育资源的合理配置和公平分配的要求。法律规定了学校应当按照公平、公正、公开的原则招生，避免择校问题和教育不公现象的发生。同时，加大对农村地区和贫困地区的教育资源支持力度，缩小城乡、区域间的教育差距。

3. 强化家校合作与家庭教育

修订后的《义务教育法》重视家庭教育的重要性，强调学校与家庭之间的密切合作。法律规定了家长和监护人对义务教育的责任和义务，促进了家庭教育与学校教育的有机结合。

综上所述，《中华人民共和国义务教育法》的出台与修订为义务教育的发展提供了坚实的法律基础和指导。它通过法律的规定和要求，推动了义务教育的均衡发展，提高了教育质量和公平性，为保障每个学生接受良好教育提供了法律保障，推动了我国基础教育事业的进步和繁荣。

（三）九年义务教育均衡发展的政策措施

改革开放以来，我国教育取得的伟大成就之一就是实施了九年义务教育。九年义务教育的实施使得我国教育普及程度大幅提升，为数万学生提供了平等接受基础教育的机会，从根本上改变了我国教育发展的面貌。党的十八大以来，义务教育在我国取得了跨越式发展，整体水平逐步跃入世界先进行列。这一成就得益于党和国家的高度重视和大力支持，以及一系列有力的政策措施的实施。

1. 以促进教育公平为改革发展主线

首先，全面推进义务教育均衡发展是关键举措。在全国范围内，所有省（区、市）和新疆生产建设兵团的 2895 个县都实现了县域义务教育的基本均衡发展。这意味着每个地区的学生都能够享受到相对公平的教育资源和机会，解决了地区之间的教育差距问题。

其次，农村义务教育薄弱学校改造工程的实施对于缩小城乡教育差距起到了重要作用。通过加大对农村学校的投入，改善了教学设施和教育条件，农村学校的面貌焕然一新。同时，乡村教师的培训和支持力度也得到了加强，农村教育的质量得到了提升。

此外，实施“控辍保学”政策是确保义务教育普及和均衡发展的重要举措。这一政策的目标是确保每个孩子都能够完成九年义务教育，坚持一个都不能少的原则。通过建立健全的辍学学生动态管理机制，全国建档立卡贫困家庭的辍学学生全部得到了帮助，2022 年，我国九年义务教育巩固率达到了 95.5%，比上年提高 0.1 个百分点。

2. 以落实立德树人根本任务为核心

我国九年义务教育均衡发展的政策措施涵盖了多个方面，以落实立德树人根本任务为核心，旨在促进学生的健康成长和全面发展。以下是其中的几项重要政策措施。

首先，着力减轻学生过重的学业负担。为了减轻学生的学业压力，教育部和国务院办公厅相继出台了一系列政策文件，包括《关于全面深化课程改革落实立德树人根本任务的意见》《关于规范校外培训机构发展的意见》和《关于进一步减轻义务教育阶段学生作业负担和校外培训负担的意见》等。这些政策文件要求各地加强对学生的教育管理，减少考试次数和范围，减轻学生的作业负担，严格规范校外培训机构，确保学生能够有充足的时间休息和参与其他丰富多彩的活动。

其次，构建德智体美劳全面培养教育体系。为了促进学生全面发展，中央出台了关于加强新时代大中小学劳动教育、学校体育和学校美育的意见。各地在中央要求的指导下，致力于加强德育、体育、美育和劳动教育，构建德智体美劳全面培养的教育体系。这些举措旨在培养学生的全面素质，提高他们的综合能力和创新精神。

再次，大力推进育人方式转变。为了适应新时代的教育需求，中央出台了关于深化教育教学改革、全面提高义务教育质量的意见，这些意见明确提出坚持五育并举，全面发展素质教育。政策要求融合运用传统与现代技术手段，注重情境教学，推动学科综合化教学、研究型、项目化和合作式学习。此外，2022 年国家出台了新修订的义务教育课程方案和课程标准，全面推进课程教学改革，落实课程核心素养。

最后，以发展素质教育为导向，系统构建教育质量评价体系。为了提高教育质量，教育部等六部门制定了《义务教育质量评价指南》，各地加强和改进初中学业水平考试，并实施新中考改革。这些举措旨在从多个维度全面评价学生的素质发展，鼓励学生多样化发展，促进教育的均衡发展。

3. 以建立现代治理体系为主旨

首先，不断加强党对义务教育的全面领导。近年来，我国通过修订《中华人民共和国教育法》等法律文件，进一步明确了坚持中国共产党的领导地位，强调中小学校党组织领导的校长负责制，为贯彻落实党的教育方针和党中央决策部署提供了法律保证。

其次，全面推进依法治教。新修订的《中华人民共和国教育法》将劳动教育写入党的教育方针，为构建德智体美劳全面培养的教育体系奠定法治基础。同时，修订了《中华人民共和国未成年人保护法》，健全了未成年人学校保护体系。此外，实施《中华人民共和国家庭教育促进法》，将家庭教育提升为重要的国家事务。

再次，释放义务教育学校办学活力。教育部等八个部门出台了《关于进一步激发中小学办学活力的若干意见》，保障学校办学的自主权，增强学校的内生动力。政策措施包括优化学校管理体制，减少行政干预，支持学校根据实际情况开展特色办学。

最后，强化教育督导工作。中央出台了《关于深化新时代教育督导体制机制改革的意见》，以推动教育督导发挥更大作用。督导工作重点关注义务教育，推动教育督导的全覆盖、常态化和专业化发展。此外，强力推动义务教育学校教师工资收入水平不低于当地公务员平均工资收入水平的法律要求得到落实。

三、义务教育法治建设特征

（一）政策的稳定性与长期性

政策的稳定性与长期性是我国义务教育法治建设的重要体现。政府长期以来高度重视义务教育，将其作为国家教育发展的基石，并在不同的时期制定了一系列相关政策。这些政策具有长期性和稳定性，为义务教育提供了持续的支持和保障，为学生提供了稳定的学习环境和权益保障。另外，政策的稳定性有助于教育系统的长期规划和发展，确保义务教育工作的连续性和稳定性。

（二）教育制度的协同性与衔接性

教育制度的协同性与衔接性是我国义务教育法治建设的重要方面。学前教育与义务教育的衔接与配合是为了确保学生顺利过渡到义务教育阶段，促进教育连贯性和学习成果的延续。此外，义务教育与高等教育的衔接与协同也十分重要，为学生提供了平稳的升学通道和良好的学习环境，使每个学生都能够发挥自己的潜力，实现发展目标。

四、结语

总的来说，我国义务教育发展在21世纪取得了显著的成就。通过大力推动教育普及化、提高教育质量、加强教师队伍建设和促进教育公平，我们成功提高了学校普及率，提升了教育质量，改善了教育资源分配不均的问题，使更多的学生享受到了优质的教育。然而，我们也要看到仍然存在的问题和挑战，进一步加大对教育的投入和改革力度，不断提高义务教育的质量和公平性，为实现全面发展的教育目标努力奋斗。

21世纪以来高中阶段教育发展概览

21世纪是信息化时代，科技的快速发展对教育产生了深远影响。全球化和知识经济的发展对教育提出了新的挑战和要求。全球化使得国际交流与合作更加紧密，经济发展越来越依赖知识和技能。因此人才培养除了要求掌握必备的知识和技能外，也要关注思想品德、综合素质和实践能力的发展。而在21世纪的背景下，高中教育承担着更大的责任，需要适应全球化、知识经济和科技发展的要求，培养具有综合素质和创新能力的学生，为他们的未来发展奠定坚实基础。现从21世纪以来我国高中教育发展的重要特点及成就和21世纪以来我国高中教育政策法规和改革导向两个方面介绍高中教育发展情况。

一、我国21世纪以来高中教育发展的重要特点及成就

（一）毛入学率持续提高

2022年，高中阶段毛入学率达到91.6%，比上年提高了0.2个百分点。这意味着更多的学生有机会接受高中教育。

（二）学校数量和招生规模增加

2022年，全国普通高中学校数量增加到1.50万所，比上年增加了441所。同时，高中招生规模也在增长，2022年招生人数达到947.54万人，比上年增长了4.71%。这显示出高中教育的需求不断增加，并且政府在增加学校资源和招生规模方面做出了积极努力。

（三）教师队伍素质不断提高

2022年，全国普通高中专任教师达到213.32万人，专任教师学历合格率为

99.03%，其中研究生学历比例为13.08%。这意味着高中教师队伍的整体素质在不断提高，更多的教师具备了较高的学历和更多的专业知识，能够为学生提供更好的教育服务。

（四）学校设施设备逐步改善

2022年，全国普通高中学校的校舍建筑面积增加到68034.90万平方米，设施设备配备也有了显著改善。体育运动场（馆）面积、体育器械、音乐器材、美术器材、理科实验仪器等各项配备达标的学校比例均有提高，均在94%以上，学生的学习和发展环境得到了改善。

（五）中等职业教育的稳步发展

中等职业学校数量虽然减少了93所，但在校生规模仍然在增长。专任教师数量稳定，而且“双师型”教师比例也有所提高。这表明中等职业教育在满足社会需求、培养技能人才方面发挥了积极作用。

这些成就表明我国高中教育在提高教育普及率、提升教师素质、改善学校设施设备等方面取得了积极进展。然而，仍然存在一些挑战，如教育资源不均衡、教师队伍结构不平衡等问题，需要持续关注和努力改进，以进一步提升高中教育的质量和水平。

二、21世纪以来我国高中教育政策法规和改革导向

我国高中教育政策法规与改革导向对于促进教育改革和提高教育质量起到了重要的引导和推动作用。其中，《国家中长期教育改革和发展规划纲要（2010—2020年）》作为我国高中教育改革的指导文件，对高中教育的发展方向、目标和重点进行了系统规划和全面部署。

（一）《国家中长期教育改革和发展规划纲要（2010—2020年）》

《国家中长期教育改革和发展规划纲要》（以下简称《纲要》）的出台标志着我国高中教育进入了一个新的发展阶段。《纲要》明确提出了高中教育的发展目标，即建设质量优良、适应社会需求、具有创新精神和实践能力的高素质人才培养基地。在实现这一目标的过程中，《纲要》明确了一系列的改革举措和政策措施。

首先，《纲要》提出要深化课程改革。它强调要全面落实课程方案，确保学生全面完成国家规定的各门课程学习，积极创造条件开设多样化的选修课；建立科学的教育质量评价体系，全面实施高中学业水平考试和综合素质评价，以全面、客观地评估学生的学业成就和综合素质等方式以促进学生全面而有个

性发展，着力提高学生服务国家人民的社会责任感，勇于探索的创新精神和善于解决问题的实践能力。

其次，《纲要》提出要提高教师队伍素质。它强调教师是高中教育的关键因素，要求加强教师培养、引进和培训，提高教师的学科水平和教育教学能力。同时，《纲要》还鼓励教师进行专业发展和教学研究，提高他们的职业荣誉感和成就感。

此外，《纲要》还关注学校管理和服务的改革。它提出了完善学校管理制度、优化资源配置、提升学校办学水平的措施，以提高学校的教育质量和服务水平。《纲要》还强调了家校合作和社会参与的重要性，鼓励家长和社会各界积极参与学校教育，共同推动高中教育的发展。

《纲要》的实施取得了显著成就。我国高中入学率不断提高，高中学校数量增加，教师队伍素质得到提升，课程改革不断推进，教育管理和服务水平得到提高，这些成就为我国高中教育的改革和发展奠定了坚实的基础。

然而，《纲要》实施过程中还存在一些挑战和问题。例如，高中教育资源的不均衡分布、教师队伍结构的不合理、课程改革的推进不平衡等。针对这些问题，我们需要进一步完善政策措施，加强资源配置，提升教师素质，推动高中教育的均衡发展。

综上所述，《纲要》作为我国高中教育改革的指导文件，在推动高中教育的发展和提高教育质量方面发挥了重要作用。它的出台为高中教育改革提供了明确的方向和目标，同时也为我国培养高素质人才做出了积极的探索和努力。我们应当继续深化教育改革，完善高中教育政策法规，不断提升教育质量，为实现中华民族伟大复兴的中国梦作出更大的贡献。

（二）高考改革和综合评价制度

我国高中教育政策法规与改革导向涵盖了高考改革和综合评价制度的重要内容以下分别展开论述。

1. 高考改革相关政策

高考改革是高中教育领域的一项重要改革，旨在改变传统的应试教育模式，促进素质教育和多元化评价。高考改革政策法规的制定和实施是为了解决当前高考制度存在的问题，推动高中教育质量的提高和人才培养的多元化发展。

（1）政府部门出台了一系列文件和政策，例如《关于深化考试招生制度改革的实施意见》，明确了高考改革的方向、目标和具体举措。这些政策法规为高中教育改革提供了明确的指导和规范。

（2）《关于新时代推进普通高中育人方式改革的指导意见》（以下简称《指导意见》）是高中教育改革的重要文件。《指导意见》提出了高中教育改革的总体要求和目标，明确了高中教育的核心任务是培养德智体美劳全面发展的社会主义建设者和接班人。在高考改革方面，《指导意见》提出了减轻学生课业负担、推动高中课程改革、优化考试制度等重要举措。

为了减轻学生的课业负担，《指导意见》鼓励高中学校合理设置课程，推行精品课程和选修课程，提倡个性化学习和终身学习的理念。此外，还鼓励高中学校与社会资源合作，开展多样化的课外活动，培养学生的兴趣爱好和综合素质。

此外，为了推动高中课程改革，《指导意见》提出了优化课程设置和内容的目标。鼓励高中学校注重学科融合和跨学科学习，推行综合实践活动，加强实践教学环节。同时，强调培养学生的创新能力、实践能力和问题解决能力，促进学生综合素质的全面发展。

在高考制度改革方面，《指导意见》提出了优化考试方式和评价体系的重要措施。鼓励高中学校探索多元化的评价方式，将学业水平评价、综合素质评价和能力素养评价相结合，更全面、客观地评价学生的综合能力。此外，还推动高中学校与高等教育机构、行业企业等建立起合作关系，实施综合素质评价，为学生提供更多选择和发展的机会。

2. 综合评价制度

除了高考改革，综合评价制度也是高中教育改革的重要内容之一。综合评价制度旨在从多个维度全面评价学生的学业水平和综合素质，突破传统的以分数为唯一标准的评价方式。

（1）《关于新时代推进普通高中育人方式改革的指导意见》（以下简称《指导意见》）提出了建立和完善综合评价制度的重要任务。《指导意见》还强调了评价标准和评价程序的规范性。要求建立起科学的评价标准和评价指标体系，确保评价结果的客观、准确。同时，要加强对评价结果的公示和反馈，让学生和家长了解评价过程和结果，促进教育公平和教育质量的提高。

（2）《深化新时代教育评价改革总体方案》（以下简称《方案》）是我国高中教育评价改革的指导性文件。《方案》强调要以立德树人为根本任务，以培养社会主义建设者和接班人为核心目标，促进学生全面发展。高中学校办学质量评价是其中的重要内容之一。《方案》提出了建立科学、客观、公正、多样化的评价体系的要求，将评价结果与教育教学质量的改进相结合。

（3）《普通高中学校办学质量评价指南》（以下简称《指南》）是为了配套落实《深化新时代教育评价改革总体方案》而制定的文件。该《指南》明确了高中学校办学质量评价的原则、目标和内容，强调了对学校办学质量的全面评价，包括学校的管理水平、师资力量、课程设置、教学质量、学生成长等多个方面。《指南》要求评价结果应当公开透明，并与学校的奖惩机制和师资培养相衔接，推动学校的自我发展和提升。

高考改革和综合评价制度的实施需要全社会的共同努力，学校、教师和家长都承担着重要的责任。学校要根据政策法规和指导意见，制定科学合理的教学计划和评价方案，提升教学质量和管理水平；教师要加强自身专业素养的提升，注重培养学生的创新精神和实践能力；家长要积极参与学生的学习和发展，关注学生的综合素质培养。

总的来说，高考改革和综合评价制度是我国高中教育政策法规与改革导向的重要内容。通过优化考试制度和评价体系促进学生的全面发展和素质教育的实施。这些改革举措的实施，将为高中教育的发展提供更加科学、公正、全面的指导，进而推动我国高中教育迈向更高水平。

三、结语

普通高中教育是国民教育体系的重要组成部分，在人才培养中起着承上启下的关键作用。办好普通高中教育，对于巩固义务教育普及成果、增强高等教育发展后劲、进一步提高国民整体素质具有重要意义。

在建设普通高中教育过程中，我们要坚持以习近平新时代中国特色社会主义思想为指导，深入贯彻党的二十大精神，全面贯彻党的教育方针，落实立德树人根本任务，发展素质教育，遵循教育规律，加强课程改革和教学创新。通过优化课程设置和教学内容，注重培养学生的创新思维和实践能力，提高课程的针对性和实效性。优化师资队伍建设，加大对教师的培训力度，提高教师的教育教学水平和专业素养。推进综合评价制度改革，加强对学生全面素质的评价，不仅注重学业成绩，还要评价学生的实践能力、创新精神和社会责任感等。建立多元化的评价方式，鼓励学生全面发展，减轻升学压力。家庭、社会各界要关注高中教育的发展，为高中学校提供必要的资源支持，鼓励社会力量参与教育事业，共同促进高中教育的持续改进，共同建设高质量、均衡发展的普通高中教育体系，培养德智体美劳全面发展的社会主义建设者和接班人，最终为实现中华民族伟大复兴的中国梦提供坚实的人才支撑。

21 世纪以来高等教育发展概览

随着经济结构的转型和发展需求的变化，社会对高级专门人才的需求不断增加。高等教育通过提供多样化的专业学习和培养机会，满足了不同领域的人才需求，推动了人力资源优化和结构调整。在科技创新和经济转型的背景下，高等教育发挥着关键的作用，通过培养创新人才和推动科研创新，高等教育推动了科技进步和产业升级，进而推动了经济的可持续发展。高等教育在社会进步和文化传承方面也具有重要意义，通过培养具有社会责任感和文化素养的人才，推动社会的进步和文化的传承，为构建和谐社会和推动文明进步做出贡献。我国高等教育的重要性和作用不可忽视，它不仅是人才培养的重要阶段，也是科技创新和社会进步的重要推动力。在 21 世纪教育、科技、人才联系更紧密的背景下，高等教育发挥着更加重要的作用，为经济发展、社会进步和文化传承做出了积极贡献。本节主要从我国高等教育发展的重要特点及成就和我国高等教育主要政策法规介绍我国高等教育发展现状。

一、我国高等教育发展的重要特点及成就

（一）高等教育普及率不断提高

2022 年，我国高等教育毛入学率达到 59.6%，比上年提高了 1.8 个百分点。这意味着越来越多的人有机会接受高等教育。

（二）高等学校数量和多样性增加

全国共有 3013 所高等学校，包括普通本科学校、本科层次职业学校、高职

（专科）学校、成人高等学校以及培养研究生的科研机构。不同类型的高等教育机构提供了多样化的教育选择，满足了不同人群的需求。

（三）学生规模持续扩大

2022年全国各种形式的高等教育在学总规模达到4655万人，比上年增加了225万人。招生规模也持续增长，普通、职业本专科招生达到1014.54万人，研究生招生为124.25万人，成人本专科招生为400.02万人。这些数据表明高等教育的受益人群越来越广泛。

（四）教师队伍不断壮大

2022年全国高等教育专任教师数量为197.78万人，其中硕士以上学位教师比例为78.54%。这反映出高等学校教师队伍的不断壮大和专业化水平的提高。

（五）校舍和教学设施的改善

普通、职业高校校舍建筑面积增长，生均占地面积和生均校舍建筑面积得到提高。此外，高等学校的教学科研仪器设备也得到了更新和提升，为教育教学提供了更好的条件。

这些重要特点和取得的成就表明，我国高等教育在21世纪以来取得了长足的发展。高等教育的普及和发展不仅对个体的成长和发展具有重要意义，也对国家的创新能力和综合竞争力的提升起到了积极的推动作用。高等教育的发展为培养高素质人才、推动科技创新、促进经济社会发展提供了坚实的基础和支撑。

二、我国高等教育主要政策法规

（一）主要法规

1.《中华人民共和国教育法》（以下简称《教育法》）

该法于1995年颁布，是我国教育领域的基础性法律。《教育法》明确了高等教育的目标、原则和基本制度，规定了高等教育的组织形式、管理体制和法律责任等。《教育法》明确指出，高等教育的目标是培养德、智、体、美全面发展的社会主义建设者和接班人。高等教育的任务是为国家经济、文化和社会发展培养高级专门人才，推动科学技术进步和社会文明进步。高等教育机构必须履行法律法规和国家教育方针政策，保障学生的合法权益，加强师德师风建设，推动教育公平，严禁违法违规招生，规范办学行为。

《教育法》作为我国教育领域的基础性法律，对高等教育的发展起到了重要的指导和规范作用。它明确了高等教育的目标和原则，规定了高等教育的组织形式和管理体制，强调了高等教育的法律责任和学生权益保护。这些规定为高等教育的发展提供了法律保障和指导，促进了高等教育的稳定和健康发展，确保了高等教育与社会主义建设目标的一致性和可持续性。

2.《中华人民共和国高等教育法》（以下简称《高等教育法》）

该法于 1998 年通过，对高等教育的任务、原则、管理体制、办学条件、教育质量保障等方面进行了详细的规定。本法明确了高等教育的任务，即培养具有社会责任感、创新精神和实践能力的社会主义建设者和接班人；明确了高等教育的原则，即坚持马克思主义的指导地位、全面贯彻党的教育方针、坚持社会主义办学方向、遵循教育规律和办学规律等。此外，该法还规定了高等教育的管理体制，包括国家对高等教育的指导、高等学校的分类和设置、高等学校的自主权和学术自由、高等学校的领导和管理等。同时，该法对高等教育的办学条件和教育质量保障提出了具体要求。

通过《高等教育法》的制定和实施，我国高等教育的法治建设得到了加强。这一法律为高等教育提供了明确的法律依据和指导，促进了高等教育的规范发展和质量提升。它明确了高等学校的管理体制和办学条件，保障了高等教育的质量和公平，加强了高等学校的自主权和学术自由，为高等教育提供了有力的法律保障。

此外，《高等教育法》也为高等学校的改革和创新提供了法律支持。通过赋予高等学校自主权和学术自由，鼓励高等学校进行科学研究和人才培养创新，推动高等教育与国家的科技进步和社会经济发展相适应。

《高等教育法》的制定和实施体现了我国高等教育发展中的制度自信。该法明确了高等教育的任务和原则，规定了高等教育的管理体制、办学条件和教育质量保障等方面的要求，为高等教育提供了明确的法律依据和指导，促进了高等教育的规范发展和质量提升，推动了高等学校的改革和创新，进一步增强了我国高等教育的制度自信。

（二）高等教育改革的政策导向

随着时代的进步和社会的发展，我国高等教育改革成为国家发展战略的重要组成部分。为了适应社会需求和提高高等教育质量，我国自从 21 世纪以来积极推进高等教育改革，并制定了一系列政策以引领和促进高等教育的发展。

1.《统筹推进世界一流大学和一流学科建设总体方案》

2015 年教育部印发《统筹推进世界一流大学和一流学科建设总体方案》

(以下简称《方案》)，该《方案》强调要贯彻党的教育方针，坚持中国特色、世界一流的办学目标。通过发扬中华民族优秀传统文化，探索具有中国特色的世界一流大学和一流学科建设之路，为社会主义现代化建设培养建设者和接班人。通过优化学科布局、提升科研创新能力、加强师资队伍建设等措施，培育一批世界一流大学。重点关注学校整体实力的提升，增强学校的国际影响力和竞争力。通过学科评估和分类评价，确定一流学科建设目标，加强学科创新和交叉融合，提高学科竞争力和综合实力。注重学科间的协同发展，推动学科建设与国家战略需求紧密结合。加快高等教育治理体系和治理能力现代化，推动高等院校人才培养、科学研究、社会服务和文化传承创新的水平。为高校提供更好的治理环境，提升教育质量和教学水平。加强学科专业建设，创新人才培养模式，培养具有创新精神和实践能力的高级专门人才。注重培养学生的综合素质和创新能力，满足国家经济社会发展的需求。

2.《关于加快建设高水平本科教育全面提高人才培养能力的意见》

2018年教育部颁布《关于加快建设高水平本科教育全面提高人才培养能力的意见》(以下简称《意见》)推动我国高等教育改革。该《意见》围绕激发学生学习兴趣和潜能，深化教学改革提出一系列要求，具体如下所示。

改革教学管理制度，强调从严治校，加强教学管理，规范本科教学秩序。推进辅修专业制度改革，允许学生自主选择辅修专业，并探索将其纳入国家学籍学历管理体系。完善学分制度，推动健全学分制收费管理制度，扩大学生学习自主权和选择权，鼓励学生跨学科、跨专业学习，并通过社会实践、科学研究、创新创业、竞赛活动等方式获取学分。同时，支持有条件的高校为优秀毕业生颁发荣誉学位，增强学生学习的荣誉感和主动性。

积极推动课堂教学革命，将学生的全面成长和发展置于教学的核心位置，关注学生的个体差异和潜能，注重培养学生的创新思维、合作能力和实践能力。推广小班化教学、混合式教学和翻转课堂等新型教学模式。小班化教学能够提供更多的互动和个性化指导，混合式教学融合线上线下学习资源，翻转课堂倡导学生在课堂上进行主动学习和讨论。重视因课制宜，根据不同学科特点和学习目标，科学设计课程考核内容和方式，既注重学生对知识的掌握和理解，也注重学生的能力培养和实践能力的发展。培养学生的学习兴趣和自主学习能力，激发他们的求知欲望，提高学习效率。同时，加强学生的学习过程管理，促进学生的学习自觉性和自律性。

这一系列政策目的在于优化高等教育环境，改进教学管理，培养具备创新能力等综合素养的高素质人才。该《意见》通过深化教学改革，激发学生的学习兴趣和潜能，提高教学质量和效果，进一步推进我国高等教育向更高水平迈进，为实现国家发展战略目标提供强有力的支持和保障。

三、结语

我国高等教育在培养创新人才和推动科技进步方面发挥了重要作用。大学科研水平不断提升，科研成果丰富多样并涵盖了多个领域。我国在科技创新方面取得的显著成就，为国家的科技进步和经济发展做出了积极贡献。同时高等教育质量得到了有效提升，培养了大批优秀人才。高校教师队伍建设不断加强，教学方法和手段不断创新，教学质量不断提高。同时，高等教育评估和监管体系逐步完善，对高校的教学质量进行全面评估和监督，促进了高校内涵式发展。在21世纪，我国高等教育鼓励学科交叉与融合，促进不同学科间的合作与交流，这种跨学科的融合有助于创造出更多的学术成果和创新成果，推动学术研究和产业发展的紧密结合。

这一切的成果也是我国高等教育法治建设的重要成果。我国高等教育的管理和运行建立在法治基础上。相关法律法规的制定和完善，如《中华人民共和国教育法》《中华人民共和国高等教育法》等，明确了高等教育的目标、任务、管理机制和责任等，为高等教育的发展提供了法律保障。高等教育法治建设注重建立健全高等教育治理体系，通过建立高等教育监管机构和专门的法律实施机构，加强对高等教育机构的监督和管理，推动高等教育的规范化、科学化、民主化发展。同时，我国高等教育法律注重维护学术自由，保障教师和学生的学术独立性和学术自由。通过法律法规的保障，确保教师和学生在学术研究和表达方面的自由，促进学术研究的繁荣和创新。

参考文献

[1] 程晓明．对中央政府有关幼儿教育政策文件的分析与建议［J］．学前教育研究，2014（01）：36-42.

[2] 教育部发展规划司．2022年全国教育事业发展基本情况［EB/OL］．http://www.moe.gov.cn/fbh/live/2023/55167/sfcl/202303/t20230323_1052203.html，2023. 03. 23.

[3] 梁慧娟．改革开放40年我国学前教育事业发展的回望与前瞻［J］．学前教育研究，2019（01）：9-21.
[4] 刘占兰．学前教育必须保持教育性和公益性［J］．教育研究，2009，30（05）：31-36.
[5] 吕武．我国当前学前教育政策工具选择偏向及其影响——基于《国家长中期教育改革和发展规划纲要（2010—2020）》以来的主要政策文本的分析［J］．教育科学，2016，32（01）：77-81.
[6] 王海英．学前教育不公平的社会表现、产生机制及其解决的可能途径［J］．学前教育研究，2011（08）：11-17.
[7] 钟秉林．发展学前教育要坚持抓好普及与提高质量并重［J］．中国教育学刊，2014（03）：5.
[8] 陈鹏，林玲．中国义务教育法治百年历程之反思［J］．陕西师范大学学报（哲学社会科学版），2007（02）：93-98.
[9] 范先佐．乡村教育发展的根本问题［J］．华中师范大学学报（人文社会科学版），2015，54（05）：146-154.
[10] 管华．教育法治四十年：回顾与展望［J］．法学评论，2018，36（04）：30-39.
[11] 教育部发展规划司．2022年全国教育事业发展基本情况［EB/OL］．http://www.moe.gov.cn/fbh/live/2023/55167/sfcl/202303/t20230323_1052203.html，2023.03.23.
[12] 刘复兴．新《义务教育法》的突破与创新［J］．教育研究，2006（09）：3-7.
[13] 申素平．教育立法与受教育权的体系化保障［J］．教育研究，2021，42（08）：35-47.
[14] 申素平．对我国教育立法的思考［J］．中国教育学刊，2018（06）：62-66.
[15] 李建民，陈如平．新时代普通高中教育转型发展关键在育人模式变革［J］．中国教育学刊，2019（09）：32-37.
[16] 霍益萍，黄向阳，李家成．多样、开放、灵活：普通高中教育体系的构建［J］．教育发展研究，2009（18）：15-18.
[17] 石中英．关于当前我国普通高中教育任务的再认识［J］．清华大学教育研究，2015，36（01）：6-12.

[18] 袁桂林．对普通高中多样化发展的理解 [J]．人民教育，2013（08）：2-5.

[19] 郭为禄．新时期高等教育法治建设进程研究 [D]．上海：华东政法大学，2008.

[20] 秦惠民．我国高等教育法治建设 30 年——影响、经验与发展方向 [J]．中国高教研究，2008（10）：7-11.

[21] 杨继昭，李桂凤，王毅．高等教育法治发展现状研究 [J]．保定学院学报，2009，22（05）：54-57.

[22] 郑楠．高等教育法治建设研究 [J]．法治与社会，2018（19）：219-220.

[23] 朱赫．我国当代法治政策变迁与高等教育法治建设 [J]．江苏高教，2012（03）：40-42.

师德篇

以哲启思　以文化人

——吉林大学教授孙正聿

一、人物简介

孙正聿，男，1946 年 11 月生，吉林省吉林市人，吉林大学哲学社会科学资深教授，博士生导师，主要研究领域是马克思主义哲学和哲学基础理论。

孙正聿在学术领域的贡献不可忽视，他已经出版了多本重要学术专著，其中包括《理论思维的前提批判》（1992 年）、《现代教养》（1996 年）、《崇高的位置》（1997 年）、《哲学通论》（1998 年）、《哲学导论》（2000 年）、《超越意识》（2001 年）、《马克思辩证法理论的当代反思》（2002 年）、《思想中的时代》（2004 年）等。此外，他还编辑了九卷本的《孙正聿哲学文集》（2007 年）。

孙正聿不仅是一位哲学家，也是一位优秀的思想家和教育家。他的“前提批判”哲学理论为当代中国的哲学观念带来了深刻的变革，使哲学变得更加现代和贴近人心。他的著作《哲学通论》以清晰简洁的语言风格打破了哲学晦涩难懂的印象，成为许多教育者和学生的必读书。他的贡献不仅在学术界产生了深远的影响，还拉近了普通人与哲学的距离。

二、人物事迹

孙正聿从小就热爱阅读，这个热情一直延续至今。每次看到文字，都会激发孙正聿内心的激情和兴奋。他在文字的海洋中畅游时，思绪中常常涌现出三句格言：

“伟人的生平昭示我们，我们也能够生活得高尚。”

“跟随伟大人物的思想，是一门最引人入胜的科学。”

“人应当尊敬他自己，并应自视能配得上最高尚的东西。”

这三句话深刻地影响了孙正聿的一生。

孙正聿曾用诗句表达他对知识的强烈渴望：“我常常在窗前眺望，让思想窥见澄澈的天光；我常常在房间里踱步，被思想激动得不能安坐；我常常在书桌上奋笔疾书，让思想在笔端自由流淌。”自小他就酷爱阅读，将哥哥的语文、历史和地理课本都当作课外读物，反复阅读。那个时候，“小人书”特别流行，书店里的厚书要 2 分钱一本，薄书 1 分钱一本，那里成了他的知识宝库。

进入中学后，每周 2 元的伙食费成了他家庭的奢侈支出，在这个艰难的时期里，他仍坚持订阅《世界知识》和《文学评论》这两本杂志。

1966 年，孙正聿高中毕业后便致力学习哲学专业，然而恰逢“文革”时期无法继续上学，因此他每天上午都会前往开放的图书馆阅读。在那期间他翻阅了《马克思恩格斯全集》和《鲁迅全集》。孙正聿下定决心要像马克思一样，“为全人类而工作”。

高考恢复后，孙正聿始终坚守学习哲学的决心。他认为，学者应该努力兼顾教学和科研，这一理念深深影响了他的职业生涯。就学期间他结识了他最崇拜的导师，著名哲学家高清海，结识了他的同门师兄弟们，其中一位现今也在吉林大学从教，就是哲学教授孙利天。好友之间经常会交谈近日的读书体会，孙正聿曾询问好友：“最近读了什么书？”孙利天回答：“又读了一遍《精神现象学》的下册。”孙正聿幽默地回应道：“你看，你可以无限地对黑格尔进行追问，黑格尔总是能回答你。”

这种不断追问的精神也贯穿于孙正聿的整个学术生涯。回忆起他的导师高清海时，孙正聿写道：“高先生的一生是在思想上跟自己过不去的一生，也就是上下求索的一生。”追求和探索也是孙正聿生命中的主旋律。

作为杰出的哲学家和教育家，孙正聿曾 3 次荣获国家级教学成果奖，承担了 3 次国家社科基金重大项目，有 2 部著作被收入“国家文库”，他的研究工作 6 次获得了教育部优秀成果奖。他的研究成果还体现在 110 篇助推中国哲学基础理论研究的论文上，这些论文均发表在国家级刊物上。孙正聿特别欣赏钱伟长先生的一句话：“一个大学老师，不讲课就不是大学老师，但如果他不搞科研，就不是一个好的大学老师。”因此孙正聿坚信，要成为一名杰出的大学教师，必须将科研与教学相结合，用深厚的理论知识来培养学生的思维和灵魂。

在孙正聿的教育教学实践中，他格外注重不同层次教育的培养目标和培养模式的差别。他提出了针对本科、硕士和博士研究生的不同教育理念。对于本科生，他强调要激发本科生的理论兴趣、拓宽他们的理论视野、挑战理论思维、提升理论境界。对于硕士研究生，他鼓励学生们寻找理论资源、克服理论困难、培养独立思考能力、进行理论论证。而对于博士研究生，他主张扎实基础理论、稳定研究方向、创新理论思路、深入课题研究。此外，他还制定了评价研究生学位论文水平的五个档次标准，从逻辑关系的重新构建到解释原则的创新，这为研究生论文的指导和评审提供了有力的依据。

在课堂上，孙正聿是“有理讲理”的典范。他以《马克思与我们》《理想信念的理论支撑》《有教养的中国人》《人的精神家园》《掌握“看家本领”》《用理论照亮现实》等理论读物为基础，不仅传授知识，还引导学生提升内在的道德修养和人文情怀。他善于发挥哲学学科的理论特点和优势，将理论与现实相结合，坚持统一政治性和学理性，用深刻的学理分析回应学生的问题，用思想理论深刻地影响和说服学生，以真理的力量引导学生，为学生树立正确的世界观、人生观和价值观提供了强有力的政治支持，坚定学生的理想信仰和爱国情感。

三、人物评价

四十年来，孙正聿教授视“培养人”为终身使命。他曾说：“我们需要培养思想家，而不只是学问家。”他将自己一生的学识无私地奉献给学生，在学术界塑造了浓郁的哲学社会科学学术氛围，为培养年轻一代的学术领袖打下了坚实基础。他的著作改变了中国传统的哲学观念，推动了中国哲学思想的发展，领导了马克思主义哲学和哲学基础理论的研究。他以“为人为学，其道一也”的师德风范，培养了众多马克思主义和哲学领域的优秀人才，持续不断地影响着当代中国哲学教育和高等教育事业。

参考文献

[1] 孙正聿［OB/OL］. https://www. jlu. edu. cn/info/1251/36219. htm.

[2] 孙正聿：追问哲学的思想者［OB/OL］. https://news. jlu. edu. cn/info/1211/53044. htm.

[3] 以哲启思，以文化人——记吉林大学教授孙正聿［OB/OL］. http://www. moe. gov. cn/jyb_xwfb/xw_zt/moe_357/jjyzt_2022/2022_zt16/jjsyr/202209/t20220908_659528. html.

扎根职教领域的执着追梦者

——山西机电职业技术学院教授李粉霞

一、人物简介

李粉霞，女，1976年2月生，汉族，中共党员，高级技师，中国特色高水平专业带头人，全国机械行业先进制造领域领军人才，全国首批黄大年式教师团队带头人，全国党建工作样板党支部书记，山西省第十一次党代表，山西省劳动模范，山西省李粉霞劳模创新工作室带头人，山西省三八红旗手，三晋技术能手，山西省十大杰出知识女性，"三晋英才"拔尖骨干人才，山西省首届高职高专双师型优秀教师，多次获"山西省优秀指导教练"，被记个人一等功1次，二等功2次。

二、人物事迹

（一）心中永远年轻的"霞姐"——一片爱心换真情

2000年8月，大学刚刚毕业的李粉霞来到山西省机械工业学校，成为这里的一名新教师。刚进校的她被安排当班主任，对她来说，这项工作并不容易。当时学校还是中专，录取的学生基础不好，部分家长也不会教育孩子，还有些孩子想要退学。

刚刚任教的李粉霞完全没有管理经验，但面对这群不懂事的孩子，她没有一受挫折就轻言放弃，反而下定决心："绝不让一个孩子迷失，绝不让一个孩子掉队"。

她相信"用大量时间与学生相处，是了解学生最直接、最有效的办法"，于是，她从早上跑操，到晚上自习，始终和学生在一起，时刻陪伴着他们。

当有学生因家庭变故而郁郁寡欢时，她把学生安排到办公室给自己当“助理”，还精心准备了“谈心本”，通过文字进行交流沟通。经过几个月的不懈努力，帮助学生走出了阴影。

当有学生装病逃课时，她并没有直接戳破学生的谎言，而是亲手做一顿病号饭，送到学生寝室，这使饱受否定的学生受到深深的震撼，从此再也没有旷过课。

……

在12年的班主任岗位上，李粉霞用自己的细腻和温情关爱着每一个学生。她所带班级多次被评为学院优秀班集体，她两次被评为省级优秀班主任，三次被评为省级优秀共产党员。至今，学生们都愿意亲切地称她为“霞姐”。对李粉霞来说，“这一声‘霞姐’足以慰藉一生”。

(二)“永不服输的铁娘子”——一股“拼”劲儿强自身

2004年，李粉霞尽管有孕在身，仍然主动请缨备战全国首次数控技能大赛。她每天白天给学生上课，晚上就在实训室练习数控铣床加工技能，查资料、做方案、反复练习。由于机床数量不足，她不得不和同事轮流使用机床，每4小时一轮换，她常常训练到深夜。日子一天天过去，她的妊娠反应也逐渐加重，同事们都特别担心她的身体，她却笑着说：“挺好的，忙起来，就忘记呕吐和身体的不舒服了，精神转移法。”

经过长达5个月的艰苦训练，李粉霞所在团队一举夺得山西省数控技能比赛职工组第一名。她怀着身孕参赛的淡定从容给评委和其他参赛选手留下了深刻的印象，李粉霞从此又多了一个“拼命三郎”的绰号。

在接下来的三届比赛中，李粉霞和团队教师一鼓作气连续拿下3次第一。夺得“四连冠”骄人战绩的李粉霞，很快从一名普通教师成长为数控工程系主任。她带领团队搞专业建设，帮助学校入选中国特色高水平学校。她带头搞课改，把丰富实战经验运用于教学，摸索出项目化教学、口诀式知识总结等教学模式，并由此获得山西省第十三届教师教学基本功竞赛二等奖。她带头开展教研教改，教学成果获全国职业教育教学成果二等奖，成为学院唯一的女教授。

对年轻人，李粉霞总是给予悉心关怀和指导。她常对青年教师说：“打铁必须自身硬，要想学生半桶水，自己须先蓄满水，重复的事情认真做，要做就认真做到极致，技能自然就培养出来了，在这个基础上，我们才有可能以技服生，才配做职教教师。”

（三）“一生择一事成一事”——一份责任育匠才

李粉霞希望刚入学的新生能够找到信心，实现自己的人生价值。她告诉他们：“如果你不小心与清华北大擦肩而过，那么不要迷茫和失望，这里将是你梦想起航的地方。”

她知道，除了语言激励，还必须实实在在做好人才培养，才能让学生在这里找到梦想和希望。于是她带领团队不断研究分析，逐步形成了“传、帮、带、练”“分梯次、能力递进”的个性化人才培养方式。“传”就是充分发挥专业社团作用。新生一入校，就鼓励他们加入社团，在专业教师指导下，定期学习。各社团向学生全面开放实训室，形成老带新的良好学习氛围。“帮”就是安排导师强化培优。团队根据学生一年级专业学习情况选拔优秀学生，组织优秀教师在暑期进行强化培训。“带”就是师徒结对提升技能。培优结束后，由团队挑选优秀教师，带领学生小组进行一个学期的帮带训练，并进行考核淘汰，为参加技能大赛等培养优秀选手。“练”就是以赛促学、以赛促练。第三年对优秀选手从技能和个人心理素质上进行训练，最终将其培养为能参加各级各类大赛的种子选手。

这种人才培养途径取得了巨大的成功，学校先后获得全国数控技能大赛突出贡献奖、全国“挑战杯”创新创业大赛一等奖、全国职业院校技能竞赛一等奖。毕业生中有全国技术能手 16 人，全国冠军 12 人，全国五一劳动奖章获得者 12 人，10 余人曾被央视《焦点访谈》《中国大能手》等栏目报道。

“一生择一事成一事”是她的信念，职教耕耘者是她无悔的追求。说起这些优秀的孩子们，她掩不住心里那股“高兴”劲儿，脸上充满了自豪。成绩属于过去，不进则退，无功为过，她将不忘初心，扎根职教，砥砺前行，奋斗终身！

三、人物评价

从不被看好的职业中专，到培养大国工匠的中国特色高水平学校，李粉霞以强烈的事业心和忘我的敬业精神在她热爱的职教领域奋斗了二十多年。在平凡的岗位上做出不凡的成绩，她靠的是“一生择一事成一事”的信念，温情脉脉又充满力量的爱心，永不服输的拼劲儿，敢为人先的闯劲儿，还有对每一个孩子的责任心。说起优秀的孩子们，她充满了高兴和自豪，那是一种专属于奋斗者的自豪。

参考文献

[1] 2022年“全国教书育人楷模”李粉霞：扎根职教领域的执着追梦者[EB/OL]. https://new.qq.com/rain/a/20220906A02QEQ00.html.

[2] 2022年全国教书育人楷模：山西机电职业技术学院教师李粉霞[EB/OL]. https://edu.cctv.com/2022/09/14/ARTISzGjRsp95l5yRm0T8CDN220914.shtml.

[3] 李粉霞——山西机电职业技术学院[EB/OL]. http://jyt.shanxi.gov.cn/ztzl_151/sjzb/gdyxjs/202106/t20210604_2643481.html.

[4] “2022年全国教书育人楷模”李粉霞：帮助职校孩子点燃梦想[EB/OL]. https://baijiahao.baidu.com/s?id=1743446282549624382.

无双国士　医教双馨

——广州医科大学教授钟南山

一、人物简介

钟南山，男，汉族，中共党员，福建厦门人，广州医科大学附属第一医院国家呼吸系统疾病临床医学研究中心主任，中国工程院院士，第十一、十二届全国人大代表，第八、九、十届全国政协委员。

1936 年 10 月 20 日，钟南山出生于江苏南京；1981 年获英国爱丁堡大学博士学位；1996 年 5 月，当选为中国工程院院士；2004 年，因抗击“非典”，被评为“感动中国 2003 年度”十大人物之一；2009 年 9 月 10 日，被评为“100 位新中国成立以来感动中国人物”；2020 年 8 月 11 日，习近平签署主席令，授予钟南山“共和国勋章”；2020 年 9 月 3 日，入选世卫组织新型冠状病毒感染应对评估专家组名单；2020 年 9 月 4 日，钟南山入选 2020 年“全国教书育人楷模”名单。

二、人物事迹

钟南山出生于江苏南京的一个医学家庭。他的父亲钟世藩是中国儿科专家，母亲廖月琴是广东省肿瘤医院的创始人之一。早在少年时代，钟南山就展现了对医学的浓厚兴趣和卓越才华。

1960 年，钟南山从北京医学院（现北京大学医学部）毕业并留校任教。在这里，他师从一流的医学教授，接受系统医学教育，积淀了坚实的医学知识。1971 年，钟南山到广州医学院第一附属医院工作，立志成为一名卓越的医学科研人员。1979 年，他远赴英国爱丁堡大学医学院及伦敦大学呼吸系进修。1981 年获博士学位。1986 年担任广州医学院呼吸内科教授、硕士生导师。1995 年，公派到加拿大蒙特利尔市麦吉尔大学做访问学者。1996 年 5 月，当选为中国工程院院士。他从未停下奋斗的脚步，而他的才华也得到了同行们的认可。

除了在抗击传染病方面取得了辉煌的成就，钟南山也是一位杰出的医学教育家。他在医学教育领域也担任了重要职务，培养了许多优秀的医学人才。他不仅传授医学知识，更注重培养学生的医德医风，使他们成为具有人文关怀的医疗专业人士。

2010 年，为了推动医学教育改革创新，培养更多拔尖人才，钟南山亲自参与挑选和面试，从广州医学院 2010 级 416 名临床医学专业新生中选出 32 名学生成立了“南山班”，并亲自担任班主任。“南山班”改变常规教学模式，实行小班教学，鼓励学生动手实践，增加师生互动，注重培养学生的国际视野。

钟南山在开班仪式上说：“希望我班上的学生从一年级起就能亲身接触病人，我们的目标不是培养英语流利，却去国外实验室做高级打工仔的人，而是创新型的中国医学实用人才。”

在科研领域，钟南山的研究涵盖了广泛的呼吸疾病，包括肺癌、哮喘、慢性阻塞性肺病等。他的研究成果为这些疾病的治疗和防控提供了重要的科学依据，对于提升呼吸科医学的水平具有积极推动作用。

钟南山的医学成就得到了国家和国际的高度认可。他荣获了国家科学技术进步奖、一等奖等众多荣誉和奖项。这些荣誉是对他在医学领域长期辛勤努力的嘉奖，也是对他卓越贡献的褒奖。

然而，钟南山的成就并没有让他骄傲自满。他一直保持着谦逊和低调的态度，将自己的一生奉献给了医学事业，为人类健康付出了巨大的努力。

钟南山的事迹激励着一代又一代的医学从业者，也成为中国现代医学的骄傲。他的专业精神、人道关怀和无私奉献的精神，为我们树立了楷模，也为我们提供了前行的力量。

在中国现代医学史上，钟南山将永远作为一位杰出的医学家和为人类健康事业倾注心血的伟大先驱而被铭记。他的故事将继续激励着我们，勉励我们在医学领域追求卓越，为人类健康贡献自己的力量。

三、人物评价

钟南山是我国呼吸疾病研究领域的领军人物。奋斗不息是他精神的注脚，

“敢医敢言”是他风骨的写照。有院士的专业、战士的勇猛和国士的担当，他赢得了人们发自内心的赞誉。获颁“共和国勋章”后，84 岁的钟南山院士依然坚持请战。他一生的苦苦追求、勇于担当和谦逊低调，是为了危急时刻的挺身而出，是为了疑难不决时的一锤定音，是为了保卫生命时的争分夺秒，也是为了医者仁心的代代相传。

参考文献

［1］ 钟南山：“共和国勋章”当之无愧［EB/OL］. http://www. qstheory. cn/laigao/ycjx/2020-12/05/c_1126824724. htm.
［2］ 钟南山——中国工程院院士、著名呼吸病学学家［EB/OL］. https://baike. baidu. com/item/%e9%92%9f%e5%8d%97%e5%b1%b1/653914.
［3］ 如何评价钟南山院士？［EB/OL］. https://www. zhihu. com/question/28634829.

做人做事做学问
为船为海为国防

——哈尔滨工程大学教授杨士莪

一、人物简介

杨士莪，男，汉族，1931 年 8 月出生，中共党员，毕业于清华大学，中国工程院院士、哈尔滨工程大学教授、博士生导师，水声研究所所长，中国水声工程学科奠基人之一、水声科技事业开拓者之一，中国首批博士生导师，首批国务院特殊津贴获得者。水声科学家、教育家。获国家科技进步奖、一等奖等多项奖励；获“全国教书育人楷模”“全国优秀教师”“全国优秀科技工作者”“国防科工委先进科技工作者”“终身奉献海洋”奖章等多项荣誉称号。

二、人物事迹

1931 年，杨士莪出生在天津市的一个知识分子家庭，祖籍河南省南阳。他的父亲杨廷宝是中国科学院院士、中国著名建筑学家和建筑教育家。童年时的杨士莪，因为战乱，不得不跟随家人四处辗转，艰苦的生活也逐渐在他心里埋下了科研报国的种子。

1950 年，杨士莪毅然从清华大学物理系提前毕业，报名参军实现自己的报国夙愿。他先到大连第一海军学校当教员，后又被抽调参与哈尔滨军事工程院校组建。

1957 年，表现优异的他被派往苏联科学院声学研究所学习。那时，我国水声科学的研究还比较浅显。为了填补空白，杨士莪自学多国语言，勇于走进水声科学研究这个陌生领域。他说："国家需要什么，我就研究什么。"

但苏联科学院声学所的声呐设计和舰船噪声两个关键的研究室却不对任何留学生开放。这段经历让他明白，在国防技术的关键领域只能自力更生。他说："那时候我们就很清楚了，想要国家富强，就要关心国防建设。很多先进科学真正想要学会，还得靠自己。"

作为中国水声科技的开拓者，杨士莪为中国水声研究做出了巨大贡献。他最先在国内开展水声定位系统研制，为了解决水洞噪声实验测量方法，他主持设计并建造中国首个"重力式低噪声水洞"，他还积极推动并领导完成中国首次独立大型深海水声综合考察。在他出版的著作中，《水下噪声学》是国际上最早集中论述水下噪声的专著。1995 年 7 月，杨士莪当选为中国工程院院士。87 岁时，他仍然身体力行，顶着风浪和高温，亲自参加相关科研项目的海试。

为了解决人才培养问题，杨士莪从苏联留学回国后，在"哈军工"创建了我国第一个理工结合、为国防建设服务的综合性水声工程专业。时至今日，92 岁高龄的他，仍然站在讲台上为本硕博学生授课。他所授的《振动与声基础》既是省级精品在线课程，也是首批国家级课程思政示范课程。

杨士莪被称为"一站到底"的院士，因为他从不坐着给学生上课。学生们心疼地给他搬来椅子，他却说："从我开始做教员起，就习惯站着讲课了。"他讲课思路清晰，声如洪钟，生动、简洁地描绘声学的轮廓和脉络，并指明学习声学的有效路径，使声学学习变得更加轻松有趣。杨士莪的工作非常繁忙，但他从未耽误过教学工作，他对待教学和学生从不敷衍应付。

六十多年来，杨士莪始终坚持给本科生上专业第一课。他总是告诉学生"要青出于蓝而胜于蓝。只要是国家、社会需要的，就是值得干的！"他提出的"做人、做事、做学问"的理念潜移默化地影响了一代又一代的学生。他强调学生要注重自我修养，开拓视野，要把自己的人生追求与国家需要、时代需求相结合，胸怀理想、志存高远，去到祖国最需要的地方，并为之奋斗终生。

几十年过去了，杨士莪培养的学生多数已成长为国内外相关领域的科研及学术骨干，为中国水声事业的发展做出了杰出贡献。1993 年，杨士莪被评为全国优秀教师。2022 年，他又获得"全国教书育人楷模"荣誉称号。

在庆祝杨士莪院士九十华诞论坛上，学生们回忆起杨老师的教导。杨德森院士说："杨士莪院士60多年来，扎根在哈军工，耕耘在水声工程领域，在这个远离大海的城市努力走进大海，把一生都奉献给大海，献给国家的海洋强国事业。以他为代表的第一代水声人不畏艰险、迎难而上，开创了中国水声科研和教育格局。他始终怀着对学生的深厚感情和强烈责任感，为国家培养出许多水声行业骨干和中坚力量。"杨士莪院士表示："夕阳虽落苍山后，犹映晚霞满天红，人虽然退休了，但是为国家做贡献不能退休。"他90岁生日的愿望是"希望我们的后浪，在国家的支持下，为中国海洋事业、水声事业做出更大贡献"。

三、人物评价

杨士莪在中国水声科学研究和教学领域做出了开创性贡献。他的成就源自他深沉的爱国理想和强烈的责任感。这位已经鲐背之年的老人，还在坚持科研攻关，坚持参与实验，坚持为本科生上专业第一课，坚持第一时间修改学生的论文，坚持站着为学生授课，坚持把中国文化的核心精神传递给更多学生……在这位一站到底的战略科学家和水声教育家身后，将会站起越来越多的新时代人才。

参考文献

[1] 杨士莪．哈尔滨工程大学［EB/OL］．［2023-09-28］．http://www.hrbeu.edu.cn/info/1016/1050.htm.

[2] 2022年"全国教书育人楷模"杨士莪：做人做事做学问，为船为海为国防［EB/OL］．（2022-09-06）［2023-05-04］．https://new.qq.com/rain/a/20220906A02RQP00.

[3] "全国教书育人楷模"杨士莪［EB/OL］．（2022-06-20）［2023-05-04］．http://news.hrbeu.edu.cn/zt/yse.htm.

生命与使命同行

——人民教育家于漪

一、人物简介

于漪，女，汉族，中共党员，1929年出生于江苏镇江，上海市杨浦高级中学名誉校长，曾任全国语言学会理事、全国中学语文教学研究会副会长。于漪是基础教育改革的优秀教师代表，长期躬耕于中学语文教学事业，坚持教文育人，推动“人文性”写入全国《语文课程标准》。主张教育思想和教学实践同步创新，撰写数百万字教育著述，许多重要观点被教育部门采纳，为推动全国基础教育改革发展做出突出贡献。曾荣获“全国先进工作者”“全国三八红旗手”“全国教书育人楷模”“人民教育家”等荣誉称号。她是中国教师群体心中的偶像，被誉为“精心育人的一代师表，潜心教改的一面旗帜”。

二、人物事迹

2019年9月29日上午，中共中央总书记、国家主席、中央军委主席习近平在北京人民大会堂金色大厅亲自给上海市杨浦高级中学名誉校长于漪佩戴上金色的“人民教育家”奖章。这是共和国首次颁发“人民教育家”这一国家荣誉称号，于漪作为基础教育界的唯一代表获此殊荣。她的教育事迹和贡献必将永远写在共和国史册上！

从一名普通的人民教师到“改革先锋”，再到“人民教育家”，于漪用一生诠释了一名教师对教育事业的满腔热忱。她的一生都在三尺讲台驻守，胸怀世界，度人无数，桃李万千；她坚持教文育人，主讲了2000多节省市级以上公开课，培养了三代特级教师，写下数百万字教育著述，将各种“不可能”变为可能；她从语文教学改革起步，在1978年提出的“教文育人”和1996年倡导的“弘扬人文”的主张，对语文教育思想的发展具有重要的影响意义，引发了全国范围的语文性质观反思。迄今鲐背之年的她依然奋斗在教育改革和教师培养最前沿，践行着“让生命与使命同行”的誓言。

（一）信仰的力量

从1951年复旦大学教育系毕业，迄今73载，她从未离开过基础教育的讲台。超越一个古稀的时间，从青春到鲐背，支撑她执着讲台的情怀动力是什么呢？

她说，是信仰。

从一名普通教师成长为共和国的人民教育家是因为她有高度自觉的使命与信仰！

教师这个职业是高尚的，同时也是高要求的。因为它承载着前辈的希冀，托举着后辈的希望，展望着民族的未来。于漪是一位跨时代的女性，同时也是一名中国共产党员，“一切为民族”的复兴和富强，“树中华教师魂，立民族教育根”“不负祖国的期望、人民的嘱托”都是她信仰的外在体现。而这些信仰的根在于“爱党爱国，为民族振兴而不懈奋斗”，这才是她的精神基因。

于漪生长于风雨如磐的年代，爱党爱国，为民族振兴而努力奋斗，早已刻在那个年代人们的心里。1937年，日本侵略者的铁蹄长驱直入，家乡危在旦夕，在小学的最后一堂课上，音乐老师教大家唱《苏武牧羊》，这唤起了于漪内心的爱国情怀。在连天炮火中，于漪辗转考到了镇江中学，校训“一切为民族”伴随她终身。于漪曾说：“‘一切为民族’这五个大字掷地铿锵，镌刻在我心中，成为我铸造师魂的基因。”在老师的悉心教导下，她深刻认识到求学的目的是解救苦难民族于水深火热之中，从愚昧走向文明。

她念兹在兹的是民族复兴、国家富强。“过去，正是我们民族的奋斗精神与无数先贤的奉献牺牲，才有中国人民站起来的新中国；今天，祖国的繁荣和民族的振兴依然需要我们每一个人全身心地投入与付出。作为中华儿女，我深感自己肩负的历史责任，天下兴亡，匹夫有责。”即使在鲐背之年，她仍然坚定地高呼：“当我把生命和国家命运、人民幸福联系在一起的时候，我就觉得我永远是有力量的，我仍然跟年轻人一样，仍然有壮志豪情！”

真正的师者，首先得是一个爱国主义者。没有祖国的强盛、民族的尊严，我们纵有高尚灵魂、凌云壮志，也无处安身，无从施展。正是家国情怀激励着于漪不倦地汲取并厚蓄着优秀传统文化的精髓，激发着她强烈的专业自觉与教育自信。于漪作为一名优秀的共产党员，始终谨记党的教诲与嘱托，内化于心，外化于行。“坚守中国立场，拥有世界视野，以教育自信创建自信的教育，走自己的路，我们的定力将更强大，我们的前途会更宽广。”

于漪很喜欢宋代理学家张载的一句话：“为天地立心，为生民立命，为往圣继绝学，为万世开太平。”因为它深刻地道出了人生的意义和价值，在于坚贞不渝地为祖国、为民族奉献自己的一切。它所传递的就是中华民族五千年文明积淀的坦荡人格和牺牲精神，也是于漪始终坚守的核心价值和生命坐标。她身上体现出的执着的理想与追求，本质上就是中国教师之“魂”，是中华民族千百年来生生不息的生命意识和民族精神的高度体现。

于漪几乎获得了党和政府所能给予人民教师的所有荣誉，但她从没有被名利所羁绊、因掌声而止步。她说：“人是要有一点精神的。‘我是共产党员’‘这是组织交给的任务’，这两句话，给了我无穷的动力。”

（二）教师是新时代的大先生

于漪获得过很多荣誉：上海市中小学优秀校长、上海市优秀教育工作者、全国“三八”红旗手、全国先进工作者、首批享受国务院政府特殊津贴的专家；曾任上海市教师学研究会会长、全国语言学会理事、全国中学语文教学研究会副理事长等。但在心底，她最看重的不是这些，而是被学生亲切地叫上一声“于老师”。

于漪说，教师要成为新时代的大先生。“大”就是人，人是顶天的，一横就是两个翅膀，拥抱祖国、拥抱民族、拥抱世界，大先生就是要有这种情怀。教师的生命是在学生身上延续的，教育就是代代相传。一路走来，由稚嫩懵懂，成长为卓然大家，于漪为人民教育事业奉献了自己的一切，也获得了党和人民给予教师的最高荣誉，而她却说，她在用“一辈子锤炼育人的大基本功”，“一辈子在学做教师”。

好教师不是天生的，也不是评出来的。真正的好教师是勤学苦练出来的，是在学生殷切的希望中成长起来的。于漪大学读的是教育学，一开始工作教的是历史，后又改教语文，靠的是勤学苦练，才百炼成钢。

过了“而立之年”，校党支部书记用一句“在战争中学习战争”的鼓励让于漪接下了从历史改教语文的担子。隔行如隔山，对连汉语拼音、语法都不懂的于漪来说，这是一项巨大的挑战。此后，语文教学的“大门”成为她夙兴夜寐寻觅的“明灯”。

于漪总是怀揣着“两把尺子”：一把尺子量别人的长处，一把尺子量自己的不足。白天，她站在窗外听同事的课，教研组会上用笔同时记录思考；晚上，她独坐灯下，琢磨教材的内容，参考书的阐述。就这样，精彩的思考为她的教学提供养分，缺点也慢慢克服，教学育人渐入佳境，她一点点地把握语文教学的“船舵”，一点点地换取自己在语文教学上的发言权。

1977 年，电视里直播了一堂于漪执教的语文课《海燕》，人们守在黑白电视机前争睹她上课的风采，“起承转合，节奏鲜明；环环紧扣，抑扬顿挫；波澜起伏，引人入胜”，这是听课者对于漪课堂的普遍评价。从一窍不通到脱胎换骨，从迷茫徘徊到精彩绽放，于漪用了二十年的时间实现了在语文教学上的蝶变，一跃成为教育界的“明星”。

于漪主讲了 2000 多节示范性公开课，其中 50 多节被公认为语文教改标志性课例。已经站在语文教学金字塔尖的她，仍然觉得自己书读得太少，处处捉襟见肘，“教师就是给学生点亮人生明灯的人。多读经典，就是点亮教师心中的明灯和太阳。教师心中有了太阳，才能把阳光洒到学生的心中”。于漪就是这样一种用书中琼浆与醍醐滋养自己精神的人，她将读书称为“光荣荆棘路”。

于漪致力于让语文课充满温度。20 世纪 90 年代初，语文学科开始被工具性左右时，于漪撰文《改革弊端，弘扬人文》，提出“工具性与人文性的统一是语文学科的基本特点”，这一观点被写入 21 世纪语文课程改革的课程标准，深刻改变了语文教学的模式。进入新世纪，她还提出语文学科要“德智融合”，主张立体化施教、全方位育人，该观点再次获得全国认可。正是于漪对教育的初心不改，对民族的坚定信仰，让她柔弱的身体迸发出旺盛的生命力。

习近平总书记多次强调，要“不忘本来、吸收外来、面向未来”。于漪用超过一个古稀的探索，构建起了具有中国气派的语文教育学。她相信，“坚守中国立场，拥有世界视野，以教育自信创建自信的教育，走自己的路，我们的定力将更强大，我们的前途会更宽广”。

（三）心血唤醒学生的生命自觉

于漪的童年，生活极其困窘，母亲教导她，“做人第一要心地善良，第二要勤劳。自己吃点亏吃点苦，没有什么了不起，只要力所能及都要帮助别人……”母亲种下的这颗善的种子，在于漪心里同岁月一道开花结果。

1978年，于漪被评为特级教师，每月有几十块钱的津贴。别人羡慕她有了近乎普通工人工资的补贴，但她却一分钱都没为自己花，而是都用于帮助困难学生了。她不仅给学生买生活用品、学习用品，还用津贴给班级建了图书馆，甚至是帮助家里困难的学生承担部分家庭开支。在那个经济条件普遍不好的年代，她把所有的积蓄都用在学生身上，对自己的孩子却一再省俭，她的儿子黄肃说，直到28岁结婚都没穿过一双皮鞋。

“好的生源要教，困难的生源要教。他们都是我们中华人民共和国的后代，都要用心教，尽心尽力教”。于漪就是凭着这样的信念对待“文革”十年的“问题班级”。她坚信学生是可变的，她将学生身上的“堵点”视为“焦点”，关键是教师用怎样的眼光去发现，用怎样的方法去改变。即使是被陌生学生打伤了腿，亲眼看到学生拿皮带打同校老师的时候，她也没有丧失教育的勇气。

于漪从来不会离开“人”的培养去讲纯“文”的教学。她说：“我一辈子上下求索，就是为了做一名合格的教师，学生能成为龙的脊梁。”于漪相信，当真理的力量、博大的胸怀、高尚的人格通过文字表述在学生心中引起情感激荡时，理想信念的明灯就在他们心中冉冉升起。

功夫不负有心人，于漪所带的77届两个毕业班，一群底子薄弱的学生竟全都考上了大学。《新民晚报》时任总编胡劲军就是于漪所教的学生之一，他后来感慨地说：“于老师当年的教育成为我工作的动力。”

“对待孩子应当丹心一片，是全心全意，还是半心半意，或是三心二意，孩子心中一清二楚。没有爱就没有教育，只有把真爱播撒到学生心中，学生心中才有老师的位置。”于漪，站在为学生成长、为民族未来发展的视角，与学生共建一幢立意高远的精神大厦，用心血唤醒着学生的生命自觉，启蒙一代代学生独立思考，成长为富有智慧的人，在给学生注入文化之魂的同时，自身也获得了崇高的人格力量。

（四）拉“年轻人”一把

于漪刚退休的时候，有民办学校以60万年薪请她做“顾问”，这对当时月薪只有两千多元的她来说，简直就是一个天文数字。但她却拒绝了，因为她心里还有一个更大的愿望，她想把自己所有的精力都用在青年教师的培养上。

她说：“我老了，做不了太多事情了，而教育事业是常青的，中青年教师的手里掌握着国家的未来。”“现在的年轻人想要成长、要出头，真是不容易啊，我们要拉他们一把。”

为了让青年教师尽快成长，她首创了“师徒带教”模式，组成青年教师培养的三级网络——师傅带徒弟、教研组集体培养、组长负责制，有效促进了青年教师队伍的成长。从 20 世纪 80 年代开始，她先后培养了三代特级教师，在她的影响下，更多的年轻人走上了讲台。

经她带教的青年教师，一个个都成了学校的教学骨干，于漪带出了像程红兵、陈小英、陈娟娟、王缨、陈爱平、谭轶斌、朱震国、黄荣华、兰保民等一大批知名的教学能手。在于漪所带教的本校青年教师中，有的已被评上特级教师，有的多次在全国的教学大赛中获奖，有的已走上领导岗位，用桃李满园来形容恰如其分。

特级教师谭轶斌回忆，当年自己还是一名青年教师，从师范转岗到高三任教。她带着学生刷题、讲题，就在她为自己的转型之快沾沾自喜时，于漪的话让她“醍醐灌顶”，“千万不要用机械训练去消磨学生的青春!”

特级教师王伟说，自己从教 30 多年了，最问心无愧的一件事是从来没有上过一节“假”公开课。因为他谨遵于老师教诲，“于漪老师的公开课，没有预设，没有预演，只有预习。”

正是这样的精神感召，一批批青年教师脱颖而出，于漪史无前例地带出了年龄跨度达三代人的特级教师，形成了全国罕见的“特级教师”团队。于漪很感慨又十分欣慰：“真的很累很累，但我觉得能把自己有限的经验，在别人身上开花结果，这就是一种幸福。”

退休后，于漪逐字逐句审阅了全部 12 个年级的上海语文教材和教参；坚持 11 年义务指导普陀区桃浦基础教育联合体；参与二十多所教师专业发展学校的评审、领衔名师基地定期培训；指导制定上海“十二五”师资队伍建设规划；连续十多年担任上海市语文学科德育实训基地的主持人，每月一次 8 小时的活动，她一场不落。

在新教师培训中，于漪多次引用英国小说《月亮与六便士》来阐明观点：首先心中要有月亮，也就是理想信念，去真正敬畏专业、尊重孩子，还要有学识，如此才能看透“六个便士”，看透物质的诱惑。“满地都是便士，作为教师，必须抬头看见月亮。”

三、人物评价

《左传》云：“太上有立德，其次有立功，其次有立言，虽久不废，此之谓不朽。”“三不朽”一直是中国传统知识分子追寻人生价值和意义的最高标杆。

于漪 70 余载教书育人之“德、功、言”成果蔚为大观，无愧于“人民教育家”国家荣誉称号，必将影响、激励更多后来者。她说：“如果下一辈子还叫我选择职业，我仍然选择教育这多情的土地，选择我们可爱的学生，选择这永远光辉灿烂、青枝绿叶的教育事业！”

参考文献

［1］人民教育家先进事迹于漪［OB/OL］. http://www. moe. gov. cn/jyb_xwfb/moe_2082/2021/2021_zl37/shideshiji/202105/t20210511_530839. html.

［2］“人民教育家”于漪：一辈子做教师，一辈子学做教师［OB/OL］. http://www. xinminweekly. com. cn/renwu/2019/10/09/13055. html.

［3］面对面丨于漪：培根铸魂　从教 70 年培养三代特级教师［OB/OL］. http://news. cnr. cn/native/gd/20221017/t20221017_526036926. shtml.

用全部的生命教书育人

——“燃灯校长”张桂梅

一、人物简介

张桂梅，女，满族，中共党员，1957 年生于黑龙江省牡丹江市，现任云南省丽江华坪女子高级中学党支部书记、校长，华坪县儿童福利院院长（义务兼任），丽江华坪桂梅助学会会长。曾荣获“时代楷模”“全国优秀共产党员”“全国先进工作者”“全国十佳师德标兵”“全国最美乡村教师”“全国脱贫攻坚楷模”“感动中国 2020 年度人物”“全国道德模范”“全国优秀教师”“全国教书育人楷模”等荣誉，“七一勋章”获得者，中共二十大代表。她坚守教育报国初心，牢记立德树人使命，扎根贫困地区 40 多年，立志用教育扶贫斩断贫困代际传递，创办全国第一所全免费女子高中，让 2000 多名贫困山区女学生圆梦大学，托举起当地群众决战决胜脱贫攻坚的信心希望。

二、人物事迹

（一）一所托举希望的学校

1974 年，为响应党和国家号召，17 岁的张桂梅跟着姐姐从 3000 多公里之外的黑龙江来到云南，支援边疆建设。“既然户口已经迁到云南，我就在这儿安心扎根了。”张桂梅说。这一扎根，便是近 50 年。

1995 年丈夫去世后，张桂梅从大理调到华坪教书。到华坪县教书后，张桂梅第一次深刻了解到许多贫困家庭的女孩无法上学的现实困境，“读着读着就不来了。有的被叫回去干农活，有的是父母收了彩礼，让孩子辍学结婚。”一次家访途中的偶遇，更是让她痛心不已，一个十三四岁的女孩坐在路边望着远方发呆，身旁放着镰刀和箩筐，张桂梅上前询问，女孩哇的一声就哭了：“我要读书，我不想嫁人。”原来，女孩父母为了彩礼钱，要她辍学嫁人。

小女孩的话和渴望读书的眼神深深地烙在了张桂梅的心里，她意识到问题所在：“一个女人的品格学识，能影响一个家庭三四代的命运。”扶贫先扶志，扶贫必扶智。对山区贫困面貌有着切身体会的张桂梅，深深懂得，只有教育才是斩断穷根的根本途径。如果能培养有文化、有责任的母亲，大山里的孩子就不会辍学，更不会成为孤儿。为了让山里的女孩子们挣脱“低素质母亲、低素质孩儿”的恶性循环，建一所免费女子高中的心愿在张桂梅心里萌生了。治穷先治愚，她要用教育来“斩断”贫困代际传递。

办一所学校困难重重，“所有人都认为这是天方夜谭”，张桂梅说，但她不信，当时她像“发了疯似的”想要建学校。她举着荣誉证书到大街上“化缘”，被路人当成骗子；她用人大代表的身份，向媒体呼吁；为了“找钱”，她去堵领导办公室的门、在参加电视节目时全力宣传……

2008 年 8 月，在党和政府以及社会各界爱心人士的帮助下，只招收女学生的丽江华坪女子高级中学终于迎来了她的第一批学生——来自丽江市华坪、永胜、宁蒗等深度贫困县的 100 名贫困女孩。开学那天，张桂梅站在唯一的教学楼前，泪流满面。从青春靓丽、笑靥如花，到苍老憔悴、满身伤病，张桂梅将最好的青春年华献给了山区的教育事业；从“大山的女儿”，到孩子们口中的“张妈妈”，她将全部心血倾注在孩子身上，更将自立自强的种子播撒在她们心中。

（二）“负重”前行，守护山里娃

在华坪女高就读的学生，都来自穷困家庭，但张桂梅忌讳给这些女孩贴上“贫穷”的标签，对外一律将她们称为“大山里的女孩”。为了让孩子们自信，女高制定了校训：“我生来就是高山而非溪流，我欲于群峰之巅俯视平庸的沟壑。我生来就是人杰而非草芥，我站在伟人之巅藐视卑微的懦夫。”

如今，长年累月的过度操劳让张桂梅的身体渐渐不堪重负，体重从 130 多斤掉到 90 斤。在一份诊断书上，医生密密麻麻给她列出了骨瘤、血管瘤、肺气肿等 20 多种疾病。病痛缠身的她，却又似乎比任何人都坚韧，她依旧保持着每年寒暑假家访的习惯。

华坪女高的学生分布在丽江市一区四县的大山里，山路艰险，车子到不了，她便步行；步行走不稳，她就拄着拐杖，一步步地挪，走到了许多大山里“汽车轮子到不了的地方”……即使发生过多次摔断肋骨、发高烧、昏倒在路上的情况，她仍然坚持家访，从未间断，至今已家访超过1600多户学生家庭，走过12万公里路。就这样，小小瘦瘦的张桂梅用柔弱的身体扛过了那些巨大的疼痛和压力，用坚定的信念，守护着大山里一批批年轻的女孩子跨过命运最初的“不善”。

当她把2000多名大山里的女孩送进大学，她是“筑梦者”；当她通过小喇叭，发出教育阻断贫困代际传递的呐喊，引导大山女孩走向山外接受高等教育的成才通道，她是“宣传员”；当她用手电筒，照亮了大山里女孩的追梦之路，点燃大山女孩的希望和梦想，她是“燃灯校长”；当她把学校当成家，爱学生如子女，给孩子安全感，守望着一个又一个学生的成长，她是“守望者”；当她把儿童之家的孤儿拉扯大，成家立业，结婚生子，她是“见证者”。

触动心灵的教育才是好的教育，张桂梅说，她给学生买奶茶是为了维护大山女孩的自尊，中秋买月饼是为了让孩子感受到慈母般的爱和家庭的温暖。读书是孩子走出大山的唯一希望，人与人之间智力水平差异不是最重要的，最重要的是身处的境况和认知的差异，大山阻断了人们看外面精彩世界的视野，隔绝了与外面丰富世界的联系，将人紧紧囚困在山间沟壑里，让人处于认知的底层和社会的下层。“让学生们远方有灯、脚下有路、眼前有光”。张桂梅以弱小的身躯，燃烧自己，点亮了大山女孩们的人生梦想，照亮了她们的追梦之路。

张桂梅无儿无女、无房无车、无存款，10多年来，她为了女子高中一直“负重”前行，别人捐给她个人的钱和她大部分的工资，累计100万元，全部都捐给了山区的女孩们，她用心守护着这群“大山里的女孩”。这个用生命陪伴着女高的平凡女人，忘记了失去亲人的悲痛，忘记了别人诸多不解、非议和委屈，忘记了折磨她的病痛和不幸，甚至忘记了年龄和生死，只忘我地投入着、燃烧着。

（三）信念坚定的党员教师

2023年6月7日，全国高考首日，云南省丽江市华坪女子高级中学的高三学生们，在校长张桂梅的陪伴下，奔赴高考考场。自2011年至今，张桂梅始终坚持送考、陪考，13年来从不缺席。这13年的陪考生动呈现了张桂梅同志奋斗和奉献的“燃灯”精神，用实际行动诠释了共产党员不忘初心、牢记使命、永远奋斗的坚定信仰和崇高境界。

在张桂梅的办公室墙上，写着这样一段她说过的话："如果说我有追求，那就是我的事业；如果说我有期盼，那就是我的学生；如果说我有动力，那就是党和人民。"这是一名共产党员的初心，也是她的人生写照。

在女子高中，除了飘扬着的五星红旗外，还有一面鲜红的党旗。在这里，每周重温入党誓词、唱革命歌曲时，团支部同时组织全体团员与党员共同宣誓、诵读革命经典人物典型事迹、唱团歌、唱《红梅赞》《绣红旗》《老百姓最知音》《唱支山歌给党听》等经典歌曲。从这里筑起的青春之红，成了这些年轻孩子抹不去的信仰底色。

张桂梅挺起共产党员的精神脊梁，将小我融入大我，把无私奉献的爱、全心全意为人民服务的爱、对孤儿的爱、对学生的爱、对群众的爱，融入骨髓和血液，把奉献当作幸福。对她来说，最美的胸花是党徽，在日常生活中亮身份、做表率，树立共产党员高大亲民的良好形象。

人的能力有大小，像张桂梅这样坚持去做，苦干实干、担当奉献，这是用信仰的力量，用自己的辛苦去换取学生的幸福。她担任党支部书记召开会议，只摆问题，不讲成绩，在一次又一次的攻坚战中，发挥了基层党组织的战斗堡垒作用，起到了凝心聚力的作用。她担任校长，帮助学生从小树立远大的人生理想和坚定的人生信念。

三、人物评价

张桂梅是云南省丽江市华坪女子高级中学党支部书记、校长，扎根边疆教育一线40余年，推动创建了中国第一所公办免费女子高中。她身患多种疾病，但仍然拖着病体坚守三尺讲台，用爱心和智慧点亮万千乡村女孩的人生梦想。在张桂梅身上，集中体现了一名人民教师绝对忠诚的政治品格、心有大我的家国情怀、教育为民的责任担当、爱生如子的高尚师德，张桂梅是教育战线脱贫攻坚工作中的优秀教师代表，是生动践行"四有"好老师要求的杰出榜样。

参考文献

[1] 点亮大山女孩的人生梦想——记"七一勋章"获得者张桂梅［OB/OL］. http://www.moe.gov.cn/jyb_xwfb/s5147/202106/t20210630_541227.html.
[2] 云南华坪县女子高中校长张桂梅 让教育之光照亮贫困山区［OB/OL］.

http://www. moe. gov. cn/jyb_xwfb/xw_zt/moe_357/jyzt_2020n/2020_zt11/redian/202102/t20210222_514071. html.

[3] “只要还有一口气　就要站在讲台上”——记云南省丽江华坪女子高级中学校长、教师张桂梅 [OB/OL]. http://www. moe. gov. cn/jyb_xwfb/xw_zt/moe_357/jyzt_2020n/2020_zt16/2020jiaoshuyurenkaimo/202009/t20200909_486651. html.

[4] 张桂梅 [OB/OL]. https://baike. baidu. com/item/%E5%BC%A0%E6%A1%82%E6%A2%85/1152853? fr=aladdin5/1152853? fr=aladdin.

扎根乡土呵护一方幼苗

——安徽省霍邱县第一中学校长杨明生

一、人物简介

杨明生，男，1963 年 6 月生，中共党员，硕士研究生，安徽省特级教师，1984 年毕业于安徽师范大学。历任霍邱三中教务副主任、团委书记，霍邱二中副校长、校长。现任霍邱县教育局党委委员，霍邱一中校长。

荣获全国教书育人楷模、全国先进工作者、中国化学会首届基础化学教育奖、全国优秀教师、安徽省先进工作者、安徽省特级教师、安徽省教书育人楷模、安徽省江淮好校长、安徽省优秀教师、安徽省感动江淮志愿服务优秀典型等荣誉称号。受聘担任中国化学会第二十九届、第三十届教育委员，安徽省第三届政府督学。现为教育部基础教育化学教学指导委员会委员、教育部国培专家、教育部师范专业认证专家。

二、人物事迹

（一）家乡教育的守望人

“老杨树下”是杨明生的微信昵称，他说：“枝繁叶茂的老杨树下荫凉多。我愿像老杨树一样让更多的霍邱学子在老杨树下乘凉，成人成才！”

他是这样说的，也是这样做的。多年来，杨明生从热血青年到耳顺老翁，像老杨树一样坚守家乡，深耕教育，为了莘莘学子，多次拒绝年薪百万的高薪诱惑，坚定选择留守家乡，甘当一名忠实的家乡教育守望人。

每天，他总是第一个来到学校，也总是最后一个离开学校。除了胸骨后甲状腺滤泡状恶性肿瘤切除手术住院的两周外，即使生病，他也从没因私请过假。

他一直有一个信念，要把他的教育理想与智慧转化为教育现实，为党育人，为国育才。他坚持办好人民满意教育的办学理念，坚定让家乡的孩子在家门口就能享受到优质教育资源的信心，带领较为落后的县级中学成为省、市一流中学，一批又一批学生在他的培养下成长成才。

（二）立德树人的践行者

在高考这根“指挥棒”的牵引下，高中教育升学压力比较大。但在学校管理中，杨明生始终把德育放在最重要的位置。他把霍邱一中作为样本校，数年如一日，扎实开展德育实践，并逐渐形成了今天他在霍邱一中全面践行的立德树人的教育理念与实践体系。

经过多年的教育实践，他得出了“德育就是育德，德育也是升学率”的结论。他认为，是非观是最为基本的道德观，育德要从分辨是与非开始，养成教育是最为基本的德育。他提出，德育效果要通过有效的文化载体与活动载体产生持续的影响。他提出了“以文化人、以文育德”的校园文化建设方案，校园无处不文化，校园无处不育德。他还创造性地提出了德育活动要体现仪式感，德育实践需要建模的德育工作新思路。杨明生在德育实践中的很多创新做法已在各级各类学校推广。

（三）教育科研的引领者

教师即研究者。从走上讲台那天开始，他就没有停止过教育科研，在科研的道路上，一路汗水一路歌。截至目前，他有600余篇文章及论文发表，并且有多篇论文发表在教育类中文核心期刊上，先后担任11个省级课题主持人，共有3部教育教学专著公开出版发行。

杨明生的不懈努力，使他成为扎根于基础教育一线的化学课程论、教材论、高中新课程实验及课堂资源建设方面的专家。他还对新时期学生思想品德教育进行了研究，撰写了大量的文章，为未成年思想道德建设工作做出了重要贡献。

（四）新时代育人改革的实干家

1995年8月，杨明生临危受命被调到霍邱二中担任副校长，三年后担任校长。当时的霍邱二中，在学风建设和教学管理上都存在较为突出的问题，社会声誉差。杨明生带领霍邱二中师生励精图治，克难攻坚，仅用不到三年的时间，就使这所高中，发展为在全省有一定影响力的省级示范高中。

杨明生另辟蹊径，积极探索特色教育道路，创办了美术、体育等特色班。一大批有艺术天赋的学生被挖掘出来进入清华美院、中央美院、中国美院等专业美院学习深造。同时，霍邱二中成为安徽省体育特色示范学校，培养了一大批体育杰出人才。

2014 年 8 月，杨明生调至母校霍邱一中担任校长。校风、师风、学风各方问题亟待解决。杨明生带领霍邱一中师生，经过短短几年的艰苦努力，霍邱一中从百姓失望、生源外流的“重灾区”，一跃成为安徽省知名品牌高中，教育教学质量稳步提升，不仅有效遏制了长期以来存在的生源外流现象，而且还出现了“生源回流、家长回乡”的良性发展态势。

三、人物评价

多年来，杨明生把智慧和情怀献给家乡的教育事业，多次拒绝高薪聘请，长期坚守原国家扶贫开发重点县、革命老区，克服恶性肿瘤带来的病痛，默默耕耘在教学一线。他是立德树人的践行者，将德育放在统领学校各项管理工作的最重要位置；他是教育科研的引领者，发表的多篇论文记录着他对教育的思考；他是教育改革的实干家，把学校打造成为“学生学习的乐园和师生生活与发展的精神家园”。他用奋斗成就了“霍邱一中”这张皖西大地亮丽的教育名片，赢得了霍邱老百姓最美的赞誉。

杨明生用他的实际行动践行着陶行知的一句话：捧着一颗心来，不带半根草去！他为人师表，以德示范，爱岗敬业，爱生如子，把教书育人当成“一辈子”的大事，言为士则、行为世范，用自己的行动点亮了孩子的未来。

参考文献

[1] 甘做家乡教育的守望者——记安徽省六安市霍邱县第一中学校长杨明生［OB/OL］. http://www. moe. gov. cn/jyb_xwfb/xw_zt/moe_357/jjyzt_2022/2022_zt16/jjsyr/202209/t20220908_659540. html.

[2] 杨明生［OB/OL］http://la. wenming. cn/wshrg/haorenbang/ahhrb/202301/t20230120_7940291. htm.

[3] 杨明生：守望家乡教育的“老杨树”［OB/OL］. http://epaper. ahyouth. com/paperdetails. php? CurrPeid=2147&CurrSid=20209&newsid=58840.

[4] 扎根乡土呵护一方幼苗——记安徽省霍邱县第一中学校长杨明生[OB/OL]. https://baijiahao.baidu.com/s?id=1744365104295243467&wfr=spider&for=pc.

[5] 杨明生：守望家乡教育 俯身甘为孺子牛[OB/OL]. http://ah.ifeng.com/c/8OKZzf4duPN.

用爱用心当好特教老师

——泸州市特殊教育学校教师肖敏

一、人物简介

肖敏，女，汉族，1977年3月生，现任四川省泸州市特殊教育学校教师。教育部首期名师领航班学员，四川省特级教师。获四川省首届特校教师基本功大赛一等奖，获教育部“特教园丁奖”，“2020年度全国教书育人楷模”，四川省“最美教师”和四川省“教书育人名师”。

二、人物事迹

（一）悦纳特殊学生，从爱和等待开始

1996年从乐山师范学院毕业，肖敏到泸州市特教学校最高年级，也是最不服管教的听障生班任教。12个听障生，打架、偷东西、半夜翻墙去打游戏，甚至高高举起椅子与肖敏对峙！

面对这样一群听障生，肖敏选择了温情陪伴。一起吃饭、读书、玩耍，带他们走出校园，探索学校附近的小巷子，到处都留下了他们的身影。她向西南医科大学心理学教授请教，针对青春期听障生的特点进行心理辅导，还建立实施“文明班级行为规范”，培养学生自主管理……在她的坚持下，孩子们发生了变化，慢慢地向她敞开心扉，上课专心了、有回应了，一起活动时也会悄悄地为她遮阳挡风。

（二）爱的更高层次：提供专业而个性化的教育

做特教老师，只有爱是不够的。肖敏认为，还必须学会懂得，才能真正地

帮助到他们。

有个在普通学校上完三年级后转学到肖敏班上的“冰山”男孩，既不会说话，也不会手语，总是低着头。为了帮助这个男孩，肖敏动手做了很多张笑脸，每个都不一样。有的画在硬纸片上，有的是个印章图，有的是一个剪影……每天早上到教室，趁别的同学不注意，就过去塞给他一个。终于有一天，肖敏发现他把收到的笑脸拿着玩，虽然还是低着头，唇角却露出了一点点笑意。肖敏知道他已经不会再抗拒老师了，就拉着他，用图片、实物对应着教他汉字和手语，班上的同学也模仿肖敏教他，他渐渐地融入班级和校园。

肖敏的班上曾经有个脾气特别大的聋哑女孩，无论做什么都是气呼呼的，弄出很大的声响。肖敏发现她虽然在学习方面不太积极，但却在手工方面表现出了天赋。于是肖敏与大家商量，减掉她部分习题量，鼓励她学手工。期末表彰时，女孩第一次上台领奖，笑得无比开心。

（三）用星星之火，点亮更多特殊儿童的未来

针对听障生出走率高的问题，肖敏意识到：“找学生不是办法，当务之急是要解决听障生出走的根源问题。”“对听障生的教育，不能只局限于课堂，师之爱生，要为之计深远。”肖敏觉得，对学生的教育应该着眼于他们的生命成长，着眼于他们的未来生活。于是，肖敏带领老师们分别走访学生家庭，摸底调查听障生的出走问题，变“扑火式”教育为预防式教育，短短几年，学校听障生的出走率降低了，就业率提升了，到2004年，学校再无听障生出走现象。

2014年年底，肖敏对泸州市江阳区3~15岁的三百多名残障儿童进行入学情况调查，并对偏远农村的43名重度、多重残障儿童进行入户调查。根据调查结果，拟定了细致的残障儿童送教上门服务工作方案后，2015年1月，学校正式启动送教上门服务。每个周末，肖敏和老师们背着教具，辛勤地奔走在送教的路上。每一次送教前，肖敏都会精心设计训练计划，准备训练器材。送教时，呼吸训练、发音练习、舌操、唇操、常识认知、动作协调、生活自理……一样都不能马虎。遇到困难，她从零开始，拜师学艺、上网查资料、请教专家……现学现用，边研究边教学，提高送教上门的质量。她不仅给重度多重残障儿童和家庭送去了课堂，更送去了温暖和希望。

2018年4月，肖敏入选成为教育部首期名师领航班学员。她感到肩上的责任更重了，她在思考如何带动更多的爱心人士，促进特殊教育的高质量发展。2019年1月，肖敏领衔的国培计划名师领航工程名师工作室获批成立，该工作

室发挥了专业引领的作用，促进了区域特殊教育教师的专业化发展。

三、人物评价

从事特教多年来，肖敏见证了一批批“特殊世界”里孩子的成长，也寻找到了做一名特教老师的真谛：用爱心去温暖，用专业去培育，用坚守去等待最美的花开。她秉持“适性而教，以爱育爱”的教育理念，聆听无声中的精彩，展望黑暗中的光明，感悟质朴中的快乐。用支持、欣赏、包容、期待的眼光去看待每一个特殊孩子，去成全每一个特殊孩子。她在平凡的岗位上，厚植特教情怀，淬炼特教本领。她追求优质特教课堂，探索品质特教课程。她坚信教育，积极探索，永不放弃。她主动承担对薄弱特殊教育学校的支教工作，充分发挥辐射引领作用。她书写情味特教人生，甘当杏园追梦人。

参考文献

[1] 24 年用心用行回答何为特教好老师——记四川省泸州市特殊教育学校教师肖敏 [OB/OL]. http://www. moe. gov. cn/jyb_xwfb/xw_zt/moe_357/jyzt_2020n/2020_zt16/2020jiaoshuyurenkaimo/202009/t20200909_486647. html.

[2] 骄傲！四川这位教师被评为 2020 年全国教书育人楷模！[OB/OL]. https://baijiahao. baidu. com/s? id = 1677780767139235013&wfr = spider&for = pchttps://baike. baidu. com/item/%E8%82%96%E6%95%8F/52389507? fr=aladdin.

[3] 好的特殊教育老师什么样 [OB/OL]. http://k. sina. com. cn/article_2810373291_a782e4ab02001tmfd. html.

[4] 用爱用心当好特教老师——记泸州市特殊教育学校教师肖敏 [OB/OL]. https://baijiahao. baidu. com/s? id=1692203999623916137&wfr=spider&for=pc.

高原上绽开最美“雪莲花”

——西藏自治区日喀则市萨嘎县昌果乡完全小学校长强巴次仁

一、人物简介

强巴次仁，男，1978年出生，中共党员，西藏尼木县人，现任昌果乡完全小学党支部书记兼校长。2000年毕业于拉萨师范高等专科学校，同年被分配到西藏萨嘎县加加镇热嘎教学点任教，2002年调整到萨嘎县昌果乡完全小学任教至今。

在海拔4759米的西藏萨嘎县昌果乡，强巴次仁从一名普通教师，勤勤恳恳20多年，逐渐成长为副校长、校长，把大半青春奉献给这片雪域高原。多次受到自治区、日喀则市以及县人民政府的表彰：2010年10月被评为西藏自治区“优秀教师”；2013年被评为西藏自治区“先进德育工作者”；2019年被评为“全国模范教师”。

二、人物事迹

（一）用爱心换取学生真心

强巴次仁坚守教学一线，在抓好常规教学工作的同时，他注重对随班就读、送教上门残疾儿童的关心。有学生因身体原因无法在校就读，强巴次仁亲自带队送教上门，他每周到离学校50多公里的学生家里，给孩子进行学习辅导，还用自己的工资购买慰问物品。

2012年的冬天，天气格外寒冷，强巴次仁班上的一名学生因家庭贫困，还穿着单薄的衣服，作为班主任的强巴次仁，用自己的工资为学生买新衣服，并教育他一定要努力学习，要用知识改变自己的命运。

2014年、2017年该校两名学生被录取到西藏班，强巴次仁了解到两名学生的家庭生活比较困难。他亲自到乡派出所及县教育局积极反映实际情况，争取了援助，帮助解决学生的生活困难，强巴次仁还在毕业季分别给予两名学生1000元的生活补助费，同时两名同学在西藏班读书期间，强巴次仁与他们保持电话联系，随时了解他们的学习生活情况，并在每学期向两人汇去400元的生活补助。

强巴次仁对学生视如己出。对成绩较差的学生，采取“定人定科”的辅导计划，开展耐心细致的辅导；对家庭较贫穷的学生，强巴次仁给他们送医、送鞋、送衣，像对待自己的孩子一样呵护每一个学生，把爱传递给每一个学子，让学生感受到爱的力量。

（二）为雪域高原培养更多“格桑花”

强巴次仁时刻强化专业知识巩固的提升，积极参与课外及其他专业领域的学习活动，积极学习，争做活到老学到老的“带头人”。自参加工作以来，他把培养学生作为自己的主要工作任务，他的学生中，先后有33名考入大学并已就业。其中，有一名学生，当年由于家长及学生对受教育的意识淡薄，想放弃学业，为了让孩子继续上学，强巴次仁亲自到他家中做工作，讲解《义务教育法》《未成年人保护法》等相关法律法规，向他们讲述了身边人因为读书而改变命运的实际案例，最终做通了家长的思想工作，孩子回到了学校，如今这名学生已成为日喀则市仲巴县的一名教师。

昌果乡属于祖国的边境乡，强巴次仁牢记习近平总书记“继续传承爱国守边精神，像格桑花一样扎根雪域边陲”的嘱托，坚持国防教育“从娃娃抓起”。他经常联合辖区边境派出所一起开展活动，他带领学生走进营区，观看边境派出所民警训练执勤、会操表演，观摩荣誉室，聆听移民警察的动人故事，不断提升学生的自豪感和使命感，教育鼓励学生，做幸福家园建设者、神圣国土守护者。

（三）与教师一起在学习中成长

作为校长，强巴次仁把加强教师队伍建设放在首位，注重教师师德师风建设，注重教师专业能力的提升，这使学校教师队伍的整体素质不断提高。强巴次仁还积极推进学校的各项改革，通过这些改革，教职工更新了观念、增强了竞争意识，教师的精神面貌焕然一新，使学校增强了活力，得到了更好更快的发展。

强巴次仁十分关心教职工生活。他坚持从大局出发，小处着手，为教职工做实事，经常深入教职工群体，了解问题、解决问题，深受教职工的尊敬和爱戴。

三、人物评价

强巴次仁，坚守雪域边陲，不忘“为党育人、为国育才”的初心，始终坚守岗位，牢固树立教书育人的职责，为教育事业贡献了自己的全部力量。他坚持以信念铸魂、用信仰作骨，争做新时代学生锻炼品格的引路人；他时刻强化专业知识的巩固及提升，积极参与课外及其他专业的学习活动，不断拓宽自己的知识面，争做活到老学到老的“带头人”；他以锐意进取、敢于担当的精神态度，以脚踏实地、真抓实干的工作作风，用“辛勤汗水”浇开“教育之花”。多年来，强巴次仁任劳任怨，勤勤恳恳，团结同事、关爱学生，为加强民族团结、建设美丽西藏一直努力着，他是雪域高原最红最美的“雪莲花”。

参考文献

[1] 高原上绽开最美“雪莲花”——记西藏自治区日喀则市萨嘎县昌果乡完全小学校长强巴次仁［OB/OL］. http://www.moe.gov.cn/jyb_xwfb/xw_zt/moe_357/2021/2021_zt18/jjsyr/202109/t20210906_559799.html.

[2] 像格桑花一样扎根雪域边陲——记西藏萨嘎县昌果乡完全小学校长强巴次仁［OB/OL］. http://www.moe.gov.cn/jyb_xwfb/moe_2082/2021/2021_zl57/202110/t20211020_573716.html.

[3] 像格桑花一样扎根雪域边陲——全国教书育人楷模、萨嘎县昌果乡完小校长强巴次仁［OB/OL］. http://edu.xizang.gov.cn/3/368/4924.html.

家园共育的探路者

——河南省新乡市辉县市西平罗乡中心幼儿园园长郭文艳

一、人物简介

郭文艳，1983年5月生，汉族，中共党员，现任辉县市西平罗乡中心幼儿园园长。毕业于河南省新乡市第一师范学校。2012年加入辉县市西平罗乡中心幼儿园担任教师，2015年晋升为园长。她致力于提升山区幼儿教育水平，获得了多项荣誉，包括“新乡市模范班主任”“新乡市优秀园长”“全国教书育人楷模”等。

二、人物事迹

（一）山区情怀，投身乡村教育

郭文艳毕业于新乡市第一师范学校学前教育专业。2012年，辉县市教育局积极推进学前教育，她参加招聘考试并加入了辉县市第二幼儿园。然而，当时正在建设的川中幼儿园急需教师，郭文艳出于对农村的深厚感情，毫不犹豫地放弃了城市的便利条件，前往深山区的幼儿园，开始了她的乡村教育生涯。

作为一名乡村教师，郭文艳深知乡村的真实情况：人口少，大多以留守儿童、老人、妇女为主。同时，农村的观念相对落后，对教育认识也不全面。她认识到教育均衡不仅体现在硬件设施上，更体现在学校的软实力上。她希望乡村拥有专业教师和优秀家长，让乡村孩子们同样享受优质教育，心怀世界。如何解决乡村学校所面临的问题，成了郭文艳探索的课题，她通过各种途径开始寻找答案。

（二）山区教育，开发乡土资源

山区留守儿童众多，为了提供高品质学前教育，郭文艳与川中幼教团队充分利用本地条件，开发适合孩子发展的环境和资源。她带领教师团队，将学前教育融入生态种植园，夜以继日辛勤劳动，同时坚持一线教学。她默默付出，无论多么辛苦，始终以身作则，打动了师生和当地居民。这实际的教育方法改变了团队的教育观念，郭文艳带领的团队逐渐将自然和社会打造成丰富的课程资源，将大自然作为生动的教材，将乡土资源变为课程资源。通过参与式、体验式、实践式的学习方式，提升孩子们的各项能力，孩子们走近自然，亲近自然，感受植物成长与自我成长的快乐，这培养了他们的爱心和责任心。

幼儿园的游戏活动也更加丰富多彩，乡土资源变废为宝，得以合理利用，降低了教育成本，培养了幼儿的综合能力，体现了教育智慧。

郭文艳的努力使川中幼儿园荣获多项荣誉，成为乡村教育典范，得到了大家的认可。

（三）家园共育，实现共同进步

在乡村，留守儿童面临的教育难题是良好的习惯难以保持，这对幼儿的身心健康发展有非常大的危害。郭文艳知道，要改变孩子，首先要改变家长。为此，她采取了多种措施，以家园共育为前提，通过育儿专题讲座、阅览室开放、全员家访等方法引导家长学习科学育儿知识。但郭文艳发现这些只是治标不治本。为此，她又创立乡村社区大学，以幼儿园为依托，利用幼儿园资源，引领团队成为义工和讲师，社区大学不仅吸引了孩子家长，还吸引了更多村民积极参与学习。丰富的课程，让村民体验生活的丰富内涵，即使是文化水平有限的村民也逐渐提高了素质，这影响了他们的孩子和家庭。截至目前，社区大学已有600多名学员，涉及周围15个村庄，为乡村振兴贡献了教育力量。

三、人物评价

郭文艳，一位扎根农村幼教十余载的教师。她充分利用山区自然条件，创建生态种植园，让孩子们亲近自然，塑造园本课程。注重保教创新，拓展乡土课程资源，实施生态教育，为每个孩子提供科学专业的幼儿教育。创立全国首家以幼儿园为基础的乡村社区大学——川中社区大学，扩展村民教育空间，为乡村振兴贡献力量。她不仅是一名幼教者，更是乡村文明的传播者，用真心温暖乡亲。十余年艰苦奋斗，川中幼儿园、社区大学由山村走向全国，在学前教育发展的春天里，在城乡教育均衡发展的历程中，在乡村振兴的号角声中，郭文艳用青春绘就了乡村教育的美好篇章。

参考文献

家园共育的探路者——记河南省新乡市辉县市西平罗乡中心幼儿园园长郭文艳［OB/OL］. http://www.moe.gov.cn/jyb_xwfb/xw_zt/moe_357/2021/2021_zt18/jjsyr/202109/t20210906_559836.html.

影视篇

教育之美，照亮凡间星辰

——电影《地球上的星星》

“每个孩子都是地球上的星星，在黑夜里你看到他们闪闪发光，但是你永远触摸不到他们。也许你会被月亮吸引而忽略他们，也许你会被路灯迷住眼睛，从而忘了天上默默发光的星星，但是他们依然闪闪发亮。”——《地球上的星星》

2007 年上映的《地球上的星星》是印度著名导演阿米尔·汗自导自演的电影。这部温情的儿童教育题材电影，主要讲述了一个八岁男孩伊桑和他的美术老师尼克的故事，该片不仅仅诠释了学校的教育问题，更将家庭教育的理念融入其中。

一、电影简介

故事由伊桑的学习问题开启。他经常把相似的单词认错，甚至很难分辨字母，比如把“d”写成“b”，把“top”念成“pot”。他不好好学习，还经常充满了匪夷所思的鬼点子，一次又一次地闯祸，在学校里疯跑疯跳，而在这所教学管理严格的学校中，这样的行为是坚决不被允许的。久而久之，伊桑成为老师眼中的“差生”，也成为大家眼里的“问题少年”，他用撕试卷、扔课本等一系列叛逆的行为来掩饰和麻痹自己。

但这样不听话的伊桑却有一个天才哥哥，正是由于哥哥的优秀，让父母一致认为伊桑所有的叛逆都是源于自身不端正的学习态度。父母无力管教，因此不得不将他送去了寄宿学校，希望他能成为一名听话的“好孩子”。伊桑哭着乞求爸爸：“我会努力的，我保证我以后会努力的，求你别把我送出去！”父母却丝毫没有动摇。一直有学习障碍的伊桑没有办法像其他同学一样正常学习，到了新学校同样被同学嘲笑、被老师惩罚。久而久之，他将自己封闭起来，连对之前最喜欢的画画也失去了兴趣。

直到美术老师尼克走进了他的生活。和其他老师不同，尼克老师主张让学生们保留自己独特的个性和思想，自由地发展。他关注到了伊桑的“不同点”，并尝试跟伊桑的父母沟通：“伊桑是因为有读写障碍症，他的精神受到了太多批评和打骂的压力，没有精神崩溃已经是谢天谢地了。”但其父母仍偏执地认为孩子只是贪玩而不好好学习。其实伊桑很努力地想纠正自己的书写，准确读出文章语句，但这一切对他来说真的太难了。在之后的相处中，尼克对伊桑的耐心引导和关怀，让伊桑惊人的绘画天赋得以展现，同时尼克也找回了他应有的自信和快乐。父母也转变了观念，全力配合着尼克的建议，做到真正的“宽严相济”，终于挖掘出伊桑的潜力。在影片的结尾，一家人幸福地、和谐地生活在一起。

影片中，尼克老师无论是教学还是在伊桑问题上的处理都值得我们细细品味。作为代课老师的尼克，充分考虑了学生们与前任教师的情感联结，基于第一印象效应，尼克老师借助服装、音乐、舞蹈等元素营造了轻松、融洽、自由的氛围，这让学生们对他产生好奇，拉近彼此的距离。在尼克老师的教学方法中也可以看到他对“自由”的表达，尼克老师将空白的画纸分发给每一位学生，把讲桌上的斗篷和帽子拿走，学生很困惑：“可是要画什么？桌上什么也没有呀？”在惊讶过后，尼克老师轻轻一笑，“这张桌子？呵，这张桌子太小，容不下你们的想象力。探索你内心的画面，然后画在纸上，很好玩，在这里很自由”。他给学生们充足的时间思考，注重培养学生们的想象力，鼓励他们跳出原有的条框规则，用鼓励的态度去对待每位学生。当伊桑一直没有动笔的时候，他会耐心地说道：“你在发呆吗？在找灵感？没关系，不急。”这对伊桑来说不仅仅是鼓励，更是尊重。

在尼克最开始介入伊桑的教育时，伊桑的爸爸说：“你不是父母，你不懂，我们是真正地关心他。”尼克老师说道：“我很高兴你提到了关心。关心非常重要，它有治愈的力量，时而给孩子一个亲吻或拥抱，孩子会觉得他有所需要，关心就是在孩子最需要的时候帮助他，在他最无助的时候对他说，‘别怕，有我……’”伊桑的爸爸也慢慢明白自己以前所谓的关心是多么的狭隘。接着，尼克老师又讲了一个故事：“在所罗门群岛的原住民如果想要开垦农田，他们并不需要砍树，他们是怎么做的呢？很简单，一群人围着一棵树，开始大声地谩骂、诅咒……没过几天，这棵树就死了！”其实这就体现了想要毁掉一个人也是如此，谩骂和诅咒，批评与忽视就是摧毁的方式，我们绝大多数看到的家庭教育其实是父母单方面输出的观念、想法，他们用一成不变的“严厉”方式一次次失去了平等沟通、深入了解孩子的机会。

二、电影点评

“每个小孩都有独一无二的本领、能力和梦想，但是每个人却都想拔苗助长，想把每根手指拉长，一直拉吧，管他手指会不会断。”所有的教师和父母都应该体会一番。著名的物理学家爱因斯坦，年幼的他在语言能力方面存在很大障碍，不仅如此，不善交际的他曾被教他拉丁文的老师断言：“你长大之后一定没有什么出息。”每个人身上都有他独特的一面，无论是影片中的伊桑，还是存在于历史长河中的爱因斯坦，一旦将他的“特别”在合适的领域发挥到极致时，他的人生则会充满无限可能。统一的教育方式并不适合具有个体独特性的孩子，教育则是需要基于每个孩子的长处差异化地开展。在我们身边有很多像伊桑一样的孩子，他们在传统教育中很难获得成长与成就，并不是每个人都能幸运地遇到像尼克这样的好老师，因此教师们需要提高自身的专业素养，找出学生真正问题所在，父母们也需要转变教育理念，去接纳自己的孩子，去全面深入了解自己的孩子，不随意贴标签，营造良好的家庭氛围，只有当孩子被太阳拥抱的时候，才能释放出耀眼的光芒。

借片尾的一段话：“Thanks to all the children, parents and teachers, who shared their lives with us and opened windows for us to see clearly.”每个孩子都是与众不同的，无论是家长还是老师，都应给予幼儿最大的尊重与爱护。对于特殊儿童，我们更应该鼓励他们，让他们发现自己的价值，发挥自己的才能。他们就像是地球上的星星，虽然渺小但依然闪闪发光。这些小星星们总会点亮夜空，那就是属于他们的世界。

参考文献

[1] 周连昌.《地球上的星星》中的教师形象与教育观［J］. 学园，2022（13）：81-83.

[2] 王巧娴. 用一盏爱的灯点亮迷路的星——由《地球上的星星》看“爱的表达”［J］. 江苏教育，2022（62）：52-55.

心有大我，志诚报国

——电影《黄大年》

《黄大年》于2018年年底上映，是由成科执导，张秋歌、李卓霖、史可主演的剧情片，并于2020年被选送为“2021年全民国防教育万映计划重点推介影片”。该片以妻子张艳的口述，真实而又亲切地让观众了解黄大年不忘初心、至诚报国，为祖国科技事业发展鞠躬尽瘁的感人事迹，讴歌了以黄大年同志为代表的科技工作者赤诚爱国的情怀和忘我奋斗的科研精神，塑造了新时代科研人员的伟大形象。作为一部向改革开放40周年的献礼之作，导演成科在创作时说道：“英雄的作为感动了大家，使我们有勇气和能力表达我们对英雄的敬意，呼唤更多的人和我们一起追寻英雄的足迹，把自我价值的实现同国家和民族复兴的伟业紧紧结合在一起，作出无愧于生命、无愧于信仰的奉献！”

黄大年出生于广西南宁，是享誉世界的国际知名科学家、中国著名地球物理学家。心怀报国之志的他于1992年被公派到英国攻读博士，成为地球物理领域研究高科技敏感技术的少数华人之一。在海外漂泊多年的他并未忘记自己的初心，始终坚守爱国主义精神，矢志不渝实践科技报国的理想，时刻把祖国的需要放在首位。在博士毕业之际，黄大年毅然放弃了英国优厚的待遇，顶着多方压力，回到母校吉林大学任教，担任吉林大学地球探测科学与技术学院教授，博士生导师。同时，作为国家“863计划”“高精度航空重力测量技术项目”的首席科学家和国土资源部“深部探测关键仪器装备研制与实验项目”的负责人，黄大年刻苦钻研、竭尽全力，在短期内突破了国外严格的技术封锁瓶颈，培育了一批深耕该领域的人才。他所带领的团队在深地资源探测和国防安全建设领域取得了一系列重大成就，研究成果填补了多项国内技术的空白。2017年

1 月 8 日，黄大年因病逝世，享年 58 岁。

一、电影简介

在影片开始时，老同学给黄大年送去一幅秋天的画，并询问他“你是不是也应该落叶归根了”时，他却说道：“我不是落叶，我是种子。”这一句简单的话语饱含着他想要报效祖国的坚定决心，落叶是时代后期的产物，但种子却代表着生的希望。

“空谈误国，实干兴邦”，黄大年提到自己最讨厌的就是“慢慢来”三个字。影片中，黄大年回国下飞机后直奔工作而不去参加欢迎仪式，在与吉林大学校长的谈话中说道“我没有其他要求，我只需要时间”。黄大年时时刻刻用自己的行动来履行着自己庄严的承诺，当面对同事和亲人的不理解时，他说“我不需要别人的理解”。他埋头苦干，夜以继日，他用自己的执着和坚强的意志不断得到了所有人的认可，包括自己的妻子和女儿。他同样也是幸运的，影片中妻子的无声支持也为他的科研事业做出了伟大的奉献。她没有抱怨、没有争吵，只是默默将“年夜饭”送到办公桌上，那一幕是如此温情感人。

“学为人师，行为世范”。黄大年关心学生，重视人才，热心帮助患重病的学生家长解决治疗问题，默默资助生活困难的学生，用休息时间帮落下课程的同学补课。影片中的学生林江在“试飞”失败后，坦言家中母亲突发脑出血，黄大年立即与妻子一起前去探望，为了让林江一心钻研，黄大年让妻子留下照顾学生母亲。

“振兴中华，乃我辈之责”。黄大年志向高远，支持学生们做自己想做的事，为学生和团队成员创造接触世界最前沿科技和最先进设备的条件。循循善诱、耐心教育学生，引导学生们用理性的态度来处理一切问题，形成端正的道德、文化价值观念。为学生提供与院士等国内外顶级专家交流的机会，鼓励和引导学生将个人价值与国家前途命运紧密联系在一起，支持和资助 26 人次参加国际学术会议。在他的努力下，国家培养了一批“出得去、回得来”的人才。黄大年不是高高在上的学术权威，而是父亲、朋友，是亦师亦友的忘年之交，这也为他最看重的“教师身份”交出了一份满意的答卷。

“鞠躬尽瘁，死而后已”。直到 2017 年 1 月，黄大年逝世之前依然心系祖国的教育科研事业，在飞机上昏迷前还不忘对乘务人员强调“电脑里的资料很重要，一定要交给国家”。回想影片中，当大家关心他身体时，他说道“我能走多远就走多远，倒在哪里就埋在哪里”。他争分夺秒，与生命赛跑，斯人已逝，精神却映照当下。年仅 58 岁的黄大年同志被追授“时代楷模”“全国优秀教师”“杰出科学家”“至诚报国归侨楷模”“吉林省特等劳动模范”“吉林省优秀共产党员”等荣誉称号。

二、电影点评

2017 年 5 月，习近平总书记对黄大年同志先进事迹作出重要指示：“黄大年同志秉持科技报国理想，把为祖国富强、民族振兴、人民幸福贡献力量作为毕生追求，为我国教育科研事业作出了突出贡献，他的先进事迹感人肺腑。要以黄大年同志为榜样，学习他心有大我、至诚报国的爱国情怀，学习他教书育人、敢为人先的敬业精神，学习他淡泊名利、甘于奉献的高尚情操，把爱国之情、报国之志融入祖国改革发展的伟大事业之中、融入人民创造历史的伟大奋斗之中，从自己做起，从本职岗位做起，为实现‘两个一百年’奋斗目标、实现中华民族伟大复兴的中国梦贡献智慧和力量。”

法国科学家巴斯德曾说过“科学没有国界，科学家却有祖国”，我国目前有一大批海外英才冲破层层阻碍回到祖国的怀抱，钱学森、邓稼先……他们为中国创造了一个又一个奇迹。黄大年的人生轨迹深刻彰显了勇于担当的奋斗意志，弘扬了甘于奉献的高尚情操，集中体现了敢为人先的创新精神，具有深刻、独特的育人价值。黄大年用自己的行动甚至生命去实践和诠释了何为担当，无论是在读书求学、国外工作还是归国任教期间，都始终把祖国富强和民族振兴作为自身的最高追求。正如影片中所说“我们个人的梦想只有和国家、民族融在一起，才能焕发出惊人的力量”，只有当我们这些微小的个体集结闪耀，才能汇成耀眼的光芒。

为人师者，言传身教

——电影《叫我第一名》

《叫我第一名》是一部极其励志且温暖的电影，该片没有用痛苦沉重的表现手法，而是采用轻喜剧的方式呈现，这也为男主人公的坚强与乐观向上渲染了良好的环境基调。故事改编自 Brad Cohen 的真人真事，讲述了一位患有妥瑞氏症的男孩克服万难最终站上讲台，实现自己成为老师的梦想，该片又名《为人师者》，可以更加直白地让观众感受到不同的师者形象。

一、电影简介

布莱德，一位患有罕见的妥瑞氏症的男孩，他人的“不友好关注”是他每天必须面对的。妥瑞氏症的症状表现有抽搐、眨眼睛、噘嘴巴、做鬼脸、脸部扭曲、耸肩膀、摇头晃脑及不自主出声，包括清喉咙、大叫或发出怪声。这种严重的痉挛疾病让布莱德从小就不被周围的人理解，大家都认为他是在哗众取宠，故意调皮捣蛋，这也让他从小就拥有各种外号，如波波医生、笨蛋、怪物……布莱德从小就生活在别人异样的眼光中，他是学校里老师管教和同学们笑话的对象。不断被退学、转学的经历让父亲也对他失望透顶，布莱德每一次发病时，父亲都会愤怒地对他大吼大叫。幸运的是布莱德有一位慈爱的母亲一直在背后支持着他。她带布莱德去看心理医生，学习医学知识，甚至最后证实是无法治愈的疾病时，她也一直没有放弃，一如既往地想方设法帮助布莱德。

布莱德与妥瑞氏症相伴成长，尽管他的一生被疾病影响着，但他并没有自卑而抱怨生活，却自嘲着用“残障”来形容自己。整部影片有个重要的转折点——校长在音乐会结束后，走上台问大家：“你们听到什么别的声音了吗？”

所有的孩子都望向频频发出怪声的布莱德。随后校长便邀请布莱德上台，“你为什么要发出怪声？”校长问。布莱德面对着全校同学，一边发着怪声，抽动着脖子，一边说：“我和大家一样不喜欢我发出的声音。可是，我不能控制，我有妥瑞氏症，而且当我紧张的时候，抽动会更频繁。”校长继续问道：“那我们应该怎样帮你？”布莱德鼓起勇气，诉说了自己希望被平等对待的需求：“这种病现在没药可治。我想让大家对待我像对待平常人一样，这样我想就不会那么糟糕。”校长说：“好吧，你和大家没什么不一样。”这几句看似简单平淡的话语却巧妙地创设了一个让全校学生学会尊重的机会，所有人都在为他的勇气鼓掌，也为布莱德打开了通往全新世界的一扇门。这位校长的言传身教，在布拉德的心中悄然埋下了一颗种子，他立志要成为像校长一样平等关爱每一位学生的人。

在此之后，布莱德凭借着双学位的优异成绩从大学毕业，他还是像小时候那样乐观开朗。为了实现自己成为老师的梦想，即便被二十多所学校因他的怪病拒绝，布莱德依然没有放弃，他认真标注地图，认真装订简历。最后，布莱德如愿以偿成为一名二年级的教师。他用心布置自己的教室，用心对待每一位学生，在第一堂课就分享了自己的“怪病”，面对同学们千奇百怪的提问，他也真实幽默地一一回答，同学们也爱上了这位“与众不同”的老师。电影的最后，所有人都看到了布莱德的努力，同时布莱德也实践着自己的言传身教，成为“年度最佳老师”。

影片中，还有一位伟大的师者形象，那就是布莱德的母亲。如同《阿甘正传》中的阿甘，主人公都拥有一位善良且支持自己的母亲。她的鼓励如涓涓细流，滋润了布莱德面对困难时干涸的心灵。当母亲得知布莱德无法治愈时，两人相互鼓励，“没关系，妈妈，我们会熬过去的。”所有人都不相信布莱德能够过上正常人的生活时，只有母亲一人坚定不移地站在布莱德的身后鼓励支持他。为了让布莱德知道自己并非独特，她带他参加聚集着许多同样患有妥瑞氏症病友的公益团契。面对充满负能量、怨天尤人的病友们，母亲却更加坚定地告诉布莱德“我们不会像他们那样”，这看似失败的病友团的经历却让布莱德更加明白了自己不想成为什么样的人。他说：“妈妈，我不想忘掉，这些人都被妥瑞氏症打败了，我才不会被打败。”

接纳布莱德成为教师的伯乐校长对布莱德说：“真正的教育是教育孩子永远不要让任何事阻碍他们的人生。”他们都在用自己的实际行动践行着这句话，当上教师的布莱德，以自己的亲身经历教会学生的不仅仅是知识，更是如何克服困难、如何乐观对待生活、如何让天赋异禀的每位同学都可以成为自己的道理。

影片的最后，布莱德的演讲也给所有孩子乃至成年人上了最好的一课："我也要感谢我这辈子最难搞也最执着的老师——妥瑞氏症。我从疾病中学到了什么？"几个孩子举手回答："坚持到底、不被困难打败。"布莱德说："这种病让我学会世界上最宝贵的经验，就是千万不要让任何事阻止你去追逐梦想、工作、玩耍或恋爱。面对难题不是说'我不行'，而是说'我可以'。"

二、电影点评

为人师者，就应以身作则。布莱德是师者，校长们是师者，母亲同样是师者。母亲坚定不移、乐观积极的生活态度，给布莱德树立了一个非常好的榜样，她用实际行动告诉布莱德即使面临着再大的困难也不要放弃，始终热爱生活，这也是真正的言传身教。也正是有了这些师者的存在，布莱德的命运才有被改变的机会。教育的可能性，藏在教师的人格里，有时候一句简单的"我支持你""我尊重你""我相信你"，就是治愈一切的良药。正如我国教育家陶行知曾经说过："教育孩子的全部秘密在于相信孩子。"被信任滋养的孩子，无形中会拥有一股力量。教师要引导孩子们在爱中发挥自己最大的潜能，激励他们克服生活中的种种困难，朝着目标前进。

"学校是干嘛的，要教育学生，不是吗，要用知识打败无知"这句出自校长的台词也让观众回想起影片开端，所有人对妥瑞氏症的无知，所有人对尊重的无知，这些都是可以通过教育解决的问题。教育所传授的知识不仅仅指的是学术知识，更是为人处世的社会知识。我们追逐的应该是做个更优秀的教师，用教育去打开每位孩子的视野，如果我们都能这样做，那就是为每一位孩子打开了通向全新世界的大门。

参考文献

李政涛．倾听着的教育——论教师对学生的倾听［J］．教育科学，2001（4）：46-50.

大爱无疆，师魂永铸

——电影《美丽的大脚》

《美丽的大脚》于2002年上映，一举囊括年度金鸡奖最佳影片、最佳导演、最佳女主角、最佳女配角四大奖项。这是一部歌颂平凡、讴歌真善美的影片。它通过我国一位普通乡村女教师张美丽其人其事，映射出了人性中质朴无华、真诚善良的一面。

一、电影简介

张美丽一生命运多舛。她的丈夫是个文盲，愚昧无知，儿子1岁时丈夫盗窃铁路轨道钉造成货车出轨翻车，货车司乘人员两死六伤，因此被判处死刑。儿子在7岁时夭折，张美丽失去了唯一的精神支柱。张美丽深知丈夫是吃了没文化的亏，因而发誓一定要让村上的孩子们学文化。于是她当上了村子里的老师，教全村的孩子们学知识。城里的老师夏雨来这个穷乡僻壤当志愿者，夏老师的到来给张美丽和孩子们带来了新的知识与希望。张老师和学生们都特别高兴，把好的东西都留给夏老师。他们把攒了多年的报纸拿出来给夏老师如厕使用，而学生们都只用苞米皮。在水源奇缺的情况下给夏老师准备洗脸水，夏老师洗完脸后又将洗脸水给孩子们洗脸，最后留给驴喝。夏老师喝不惯这里的水，张老师想着法给她熬橘子水。张老师为了留住夏老师，不惜把所有稀缺资源都给了夏老师。

影片中对张老师教学的场景进行了细致的刻画。首先张美丽让“五年级同学打开语文课本23页，其他同学听着就行了”，可看出这是一种老旧的复式教学（多个年级的学生一起上课）。接下来她开始让同学们用千里迢迢造句（影片中张老师将“迢迢”念成了“召召”）来表达对夏老师的欢迎。另一个细节刻画，张老师翻书时习惯性地舔下手指。接下来张老师请夏老师上台讲课，夏老师首先纠正了两个错误，一是千里迢迢的读音，二是翻书时拿手指头沾口水的不良习惯。张老师有些窘迫，但依然对孩子们说以夏老师讲的为准。一日，张老师偷偷帮夏老师洗了衣服，不小心洗坏了只能干洗的衣服，夏老师一气之下大发脾气。后来夏老师觉得自己错了，拿来自己的衣物给张老师打扮上，张老师任凭她摆弄，忍着委屈说“只要你高兴，我怎么都行”。可以看出张老师一心只想留住夏老师。

这里风沙大，空气干燥，主食是土豆，缺水、缺水果、缺蔬菜。夏老师对艰苦的环境并不适应，是张美丽那淳朴真实的感情逐渐感动了夏老师，以至于夏老师的丈夫来接她回北京时，她都没舍得离去。当夏老师告知张老师电脑对娃娃们学习多么有用，张老师心中诞生了一个想法：一定要为娃娃们买一台电脑。可买电脑要四五千元钱，张老师开始发愁哪里去弄这么多钱呢？她向村里申请了买电脑的钱，村里想尽办法批了 3000 元，还不够买台电脑。于是她和电影放映员王树合谋让“赵面粉”赞助部分钱。最终，他俩一唱一和，说尽好话让赵老板掏钱，赵老板先是推诿，后以干掉一瓶白酒为要挟，张美丽为达目的毫不犹豫地举起酒瓶一饮而尽……最终，她将电脑买回来了，孩子们新世界的大门打开了。

夏老师终究还是要回北京，夏老师让张美丽一起去，可张美丽丢不下孩子们，最终两位老师领着一大群孩子来到北京。她们带着孩子们逛街、去游乐场、泡温泉，感受大都市的美好。其中有这样一个镜头，王大河想去游乐场玩，一个戴墨镜的老板让他学声驴叫，他便学起了驴叫。这一幕被张美丽看到，城里人的歧视也让张美丽清楚一定要让孩子们好好念书。她狠狠地批评了王大河，教育孩子们好好学习，以后把家乡建设得像北京一样好！夏老师说服丈夫帮助改善村里的经济，丈夫联系上一位老板并顺利合作。张美丽将五万元的购买洋芋的预订款带回了村里，也为村里带回了致富的希望。张美丽端坐在载满洋芋的拖拉机上往前驶去，中途驶来一列火车，可拖拉机的刹车突然失灵了……张美丽醒来时已经躺在医院。影片的最后，王大河唱着歌谣“早知道黄河的水干了，修它那大桥做啥呢，早知道老师回不来，为啥要学 Goodbye，老师啊老师干啥去，带上你我上学去，老师呀老师呀等着你，长大不再种洋芋……”夏老师在孩子们玩耍的黄土坡上纵身一跃滑了下去，瞬间满脸黄沙，那面容仿佛张老师回来了一般……

这部影片最令人感动的是乡村教师张美丽对学生们全身心的爱。从外表来看，她是一名普通的村妇，有时候甚至行为粗鄙。但她内心深处的善、对学生的爱在细节中体现得淋漓尽致。为了留住夏老师，她尽力为其创造良好的生活条件，包容她的一切。当她得知夏老师去县城打掉了孩子，她一边抱怨夏老师不顾惜孩子生命、不爱惜自己身体，一边背起夏老师走进卧室，并像伺候月子一样照顾夏老师。她命运不济，丈夫犯罪被枪决，孩子7岁时夭折，但她并没有因此而消沉，她把村上的孩子当成自己的孩子，化小爱为大爱，将爱的种子播撒到这片土地上。

二、电影点评

影片中张美丽老师孑然一身，并凭借着自己的决心和勇气当起了老师。她始终坚守的目标是要让山里的孩子学文化、明事理，成为对社会有用的人。从此学生就是她的孩子，学校就是她的家，她把全部的爱都给了学生，把人生的好时光都献给了乡村教育事业。于漪老师说过："对学生的爱不是说在嘴上，写在纸上，而是要身体力行，用行动检验。"古人言"父母之爱子，则为之计深远"。影片中的张美丽怀着一颗父母心，一心都想着让孩子们接受更好的教育，有更好的未来。她是真正爱学生，以爱为基础的教育才是有温度的。

教育的主体是学生，"一切为了学生，为了一切的学生，为了学生的一切"这样的口号令人振奋，也让教师们感觉肩上责任重大。面对繁杂的教学工作与重重困难时，我们如何真正做到以学生为中心，坚持一如既往考虑学生的全面发展、终身发展呢？所谓大道至简，教育始于爱，基于爱，融于爱，达于爱。师爱是一种大爱，一种无私的爱。有这种爱，才有奉献、有牺牲、有坚持、有无悔；有这种爱，才能在生活的辛酸与磨砺中坚持砥砺前行；有这种爱，才能在灯红酒绿的浮华中守住平凡的理想。《美丽的大脚》中的张美丽老师就是这样一位理想的坚守者，为了学生的未来，她像圣徒般奉献自己，在充满艰辛的求索中坚守了人生的追求。最值得学习的是她那发自内心的善良和无私的爱。苏霍姆林斯基有两句教育名言："没有爱，就没有教育""爱，首先意味着奉献，意味着把自己心灵的力量献给所爱的人，并为所爱的人创造幸福。"无论在哪个时代、身处哪种境遇，心底的善和由此生发的爱都是教育的本源。

参考文献

苏文兰．诚之所感　触处皆通——谈《美丽的大脚》中张美丽老师的“爱”的教育［J］．语文学刊，2011（15）：97-99.

惟愿以身许家国，但将碧血谱丹青

——电影《钱学森》

《钱学森》是由我国知名导演张建亚执导，陈坤、张雨绮等数十位明星联袂主演的人物传记片。钱学森是新中国历史上伟大的人民科学家，他被誉为“中国航天之父”“中国导弹之父”“火箭之王”“中国自动化控制之父”。影片展现了钱学森传奇的科研经历及其与妻子蒋英相濡以沫、坚守共同理念与信仰的人生历程。

一、电影简介

电影中倒叙与插叙相结合，讲述着钱学森在美国时期的科学贡献、钱学森与妻子生活的爱情点滴、钱学森被美国怀疑而几次被捕入狱接受调查，后被美国政府监控管制失去自由而无法归国……其间穿插了新中国成立之初的大背景及国家对科学工作者的重视和尊重，在党中央和中国政府的努力下，钱学森一家历经波折终于踏上了归国之路。影片按照故事发展时序大致可分为“归国前”和“归国后”两个部分。

归国前故事主要围绕“美国想方设法不让钱学森回国”这一事实展开。时间追溯到 1947 年，蒋英接受钱学森的求婚，随其赴美。钱学森被聘任为加州理工学院的终身教授，他和蒋英享受着至高生活待遇。后来，美国国内政局突变，钱学森成为美国政府针对共产党的假想敌，钱学森夫妇丧失了基本的人权。离开美国的时候到了，他们却几经周折而不得。美国为何不让钱学森回国呢？从海军次长金布尔对移民局说的一席话中可以得到答案："你根本不明白，他曾担任美国空军顾问，他参加过海军装备研究，亲手设计了美国的第一颗导弹，他知道得太多了，不管谁拥有他，都抵得上五个师或者纳粹武装党卫队装甲师，我宁可死，如果他让中国达到美国的军事水平，那就完了！"此外，美国国防部向钱学森伸出橄榄枝，钱学森拒绝了这次能在美国拥有人权的最后机会。钱学森心系祖国，归心似箭，而意识到钱学森的巨大价值的美方又对其归国设置了重重障碍，甚至以间谍罪逮捕钱学森。最终，宣告无罪的钱学森被长期软禁在家中。

1954 年，钱学森在美国华盛顿被监视期间，在完全陌生的领域写出了《工程控制论》一书。发布会上，面对加州理工学院院长杜布里奇的挽留，钱学森毫不犹豫地说："很遗憾，让您失望，来美国之前，我就抱定了信念，学成必归，报效祖国，谁也不能阻挡我！"杜布里奇问道："回中国你能干什么？难道要去种苹果吗？"钱学森笑着说："如果这是报效祖国的唯一方式，我也愿意去做。"多年后，钱学森将他种的"苹果"送上了天空，让世界见证了中国的奇迹。在钱学森学术上取得重大成就的时候，美国政府给他抛出了橄榄枝。美国承诺他丰厚的薪水和优越的生活条件，并允许他进入美国尖端航天事业研究中心，为他的学术研究提供最先进和精准的设备，但这丝毫动摇不了钱学森想要回到祖国的决心。随着外部压力越来越大，钱学森夫妇意识到在美国已是危险至极，他们火速向祖国求助。最后，毛泽东和周恩来同志授命用 11 名美国战犯飞行员交换钱学森，他终于带着妻子和一双儿女踏上了归国之路。

1955 年 10 月，看见祖国海关的五星红旗，钱学森泪流满面。国内科学界对钱学森重返祖国报以盛事般的欢迎。回国后，钱学森与聂荣臻的对话彰显了当时中国政府的决心和钱学森的拳拳赤子情。钱学森说："我现在需要人和一个大点的地方。"聂荣臻回答道："尽管在朝鲜战争中我们打光了家底，也要全力支持，因为你在为国家铸造一把锋利的宝剑，这把宝剑在手，国家才有尊严，人民才会有和平。"钱学森听罢立即站起来说道："聂帅，请你放心，学森就是为了报效祖国回来的，我一定竭尽全力。"毛泽东和周恩来同志商议之后，决定全国上下"勒紧裤腰带"，全力支持钱学森进行火箭研究。然而，在中国火箭事业开展过程中，由于底子薄、人才匮乏，其难度是难以想象的。钱学森凭借异禀天赋和高超的专业能力带领来自祖国各地的尖端人才从仿制入手，勤奋探索、不懈奋斗。终于，1964 年，新中国第一枚导弹试验成功；1966 年，完成两弹结合；1970 年，中国第一颗人造卫星"东方红"发射成功，全国上下为之振奋！

二、电影点评

该电影带给观众无限的感动和思考。首先是影片中洋溢着的爱国主义情怀。1955年9月17日，在洛杉矶港口，一个台湾地区记者用英文问钱学森为什么不回台湾地区而要去大陆，并且盛气凌人地催促钱学森回答，在众多外媒记者面前钱学森先是用英文说："据我所知，你是中国人，在对另一个中国人提问时，你应该说中文，而不是英语"在捍卫了国家尊严后，他紧接着用汉语说："我不想回答你。"细节处彰显的爱国心，让人们的敬佩之情油然而生。1966年10月两弹成功对接后，钱学森万分感慨，他回忆起"种苹果"的对话，在心里默默致敬杜布里奇："杜布里奇先生，这就是我种的苹果。"浓浓爱国心充溢心间，言语朴实无华却感人至深。其次是凝聚着爱国情、民族魂的旷世爱情。妻子蒋英为了支持钱学森的事业而失去了成为一名著名歌唱家的机会，但她却从来没有后悔过，她说："中国可以少一个我这样的歌唱家，却不能少了你钱学森这个科学家。"宽容大度的她一直都是钱学森最坚实的守护，在被美国政府怀疑、诬陷、囚禁、监视的日子里，蒋英守候在钱学森的身边，给他温暖，给他信心和力量，让他坚信总有一天他们会回到祖国的怀抱。再次是凝聚着赤子之心的浓浓友情。影片中钱学森的挚友友来为了避免美国政府从自己身上下手诬陷钱学森，便将自己多年来辛苦研究的成果烧毁。在钱学森最迷茫的时候，友来在电话中与他共听《我的祖国》以共勉，这一幕感动了无数观众。最后是亲切、深厚的师生情。他的导师冯·卡门也在他最艰难的时候伸出援手，在钱学森被囚禁的日子里，他不辞辛苦四处奔走，倾力解救他最心爱的学生。在钱学森一心一意要离开美国的时候，很多人都设法阻挠，虽然冯·卡门也清楚钱学森的离去将是他和美国航天界的一大损失，但他始终选择尊重钱学森的决定，没有利用导师的身份强迫或要挟钱学森，这也使他后来成为钱学森一生的良师益友。也正是因为有了这么多人的支持和帮助，钱学森才能在重重阻挠下顺利地回到祖国。

在这部影片中，我们看到了何为爱国精神、何为科学精神、何为中国人不屈的人格与尊严！钱学森立志用毕生所学为祖国建设做贡献的爱国精神值得我们学习。如今生活在和平年代的我们，身上仍然肩负着重任。钱学森严谨的科学精神和淡泊名利的心境让人由衷敬仰。他曾获得加州理工学院"杰出校友奖"等荣誉，却毫不留恋他国寸土，一心只愿报效祖国。在这部影片中我们看到的不仅是一位爱国者不屈不挠的奋斗史，更多的是人世间的正义与真情。钱学森的导师冯·卡门也是一个爱国者，作为老师，他不会用爱国的名义去强迫他的学生做他不愿意做的事情，因为每个人都有自己的守护和信仰。我们无法要求别人改变他们坚守的立场来成全我们自己的信仰，我们能够做的是坚守自己的立场，坚守自己的内心。2005 年，时任总理温家宝在看望钱学森的时候，钱老感慨道："这么多年培养的学生，还没有哪一个的学术成就能够跟民国时期培养的大师相比。"钱老又发问："为什么我们的学校总是培养不出杰出的人才?"这就是著名的"钱学森之问"，这是关于中国教育事业发展和人才培养的一道艰深命题，需要整个教育界乃至社会各界共同破解。

参考文献

[1] 电影《钱学森》观后感：捐躯赴国难，视死忽如归！[EB/OL]. (2018-04-24) [2023-08-06]. https://www.toutiao.com/article/6548013822433559048/.

[2] 韩秋雯，李荣. 追随"钱学森精神"——评电影《钱学森》[J]. 求是，2012 (11)：62.

心如明镜，大智若愚

——电影《三傻大闹宝莱坞》

2011 年 12 月，由拉库马·希拉尼执导的印度影片《三傻大闹宝莱坞》在中国内地上映。自上映以来引起了教育学者的极大共鸣，影片以幽默搞笑的风格、紧凑曲折的剧情抨击了印度的应试教育。这部电影围绕着几大主题：如父母的期望、学生的选择、教师对学生的传统态度、社会对学生教育发展的影响，以及创造性学习与死记硬背的对比等展开，其中还反映了青年学生自杀问题、贫穷问题等社会问题，发人深省。

一、电影简介

影片展示了拉加、兰彻和法罕、查尔图等不同类型的学生以及他们对学习的期望、目标和态度，在“病毒”校长所奉行的物竞天择、适者生存的自然法则中，有牺牲者也有开拓者。

兰彻在电影中的真实名字是旺度，他是一名花匠的儿子，从小聪明好学，善良调皮，他代替小主人来这里上大学，任务是四年以后为主人拿回一张光宗耀祖的文凭。但热爱工程学的他并不在乎学位，也因此在学习过程中对于传统的以分数论等级、以分数定前途的教育提出了不满并进行了抵制，这引来了众多教师的斥责和刁难。

拉加，出身于一个贫穷的家庭，作为家里唯一的儿子，他之所以追求工程学，是因为该领域前景广阔，他期待着成为一名工程师来摆脱贫困、改变一家人的命运，可以有钱让爸爸治病、让妈妈过上好日子、让姐姐有出嫁的嫁妆，由于压力太大，他胆小而谨慎，害怕失败且迷信，学习成绩一直垫底。

法罕，热爱摄影，但他父亲希望他成为一名工程师，其原因是他的父亲认为工程师是唯一能让他在社会上赢得尊重、金钱和名望的职业。在大学里这三人成为朋友，他们得到了“三个笨蛋”的名字。不是因为他们是白痴，而是因为他们挑战现状的“愚蠢行为”。最初，法罕和拉加也在家庭和社会的压力下备受磨砺，但在与兰彻成为朋友后，他们都知道了自己想要什么，他们学会以开放的心态看待事物，跳出框架思考，打破长期禁锢着自己的保守传统，但他们实现成功的旅程并不容易。例如，法罕对工程学没有兴趣，因此无法专心学习，考试成绩总是不尽如人意。拉加害怕失败，一直处于巨大的压力之下。

查尔图，填鸭式学习者，努力追求成功，是工程学院的优等生，但也只是一个背答案的机器。为了加强记忆甚至找江湖郎中买药丸，考试前想办法扰乱他人，从不思考知识的内涵，仅仅生搬硬套。兰彻为了让大家看到这种学习方式的弊端，将查尔图的发言稿上的“奉献”改为“压榨”等，结果查尔图还是一字不差地背诵完整篇演讲稿，闹出了大笑话。

只有电影主人公“兰彻”没有受到影响，部分原因是他摆脱了父母的期望。因为除了他的父亲是仆人外，我们在电影中没有被告知他父母的其他情况。他从小就富有创造力，不接受传统方式，他不在乎自己学什么，只是享受着学习的生活，享受着知识带来的快乐，他也并不在乎自己的身份是什么，在他的眼里，“学习是为了完善人生，而非享受人生”。正如法罕评价他，“他和别人不一样，每个环节他都敢突破常规，其他人像是机器人，一味服从教授们的指示，他是唯一会自己思考的人”。他利用盐水导电原理教训野蛮学长，他为校友自杀事件和“病毒”校长理论，抨击当时的教育制度才是罪魁祸首，他急中生智临时改装吸尘器引产胎儿……兰彻这一系列打破常规的举动最终使校长尽弃前嫌，将象征着该校最高荣誉的“太空笔”传给了他。

兰彻的口头禅“All is well（一切都好）”是困难时期放松的代名词，他一紧张就念这个“咒语”，他还建议他的朋友跟随，因为这句话使他的心灵得到即时的放松，从而勇敢地应对困难。如果心理强大，就可以轻松面对和避开生活中的任何危急情况，我们必须提醒自己“一切都好”。兰彻唯一的目标就是学习，学习无处不在，所以他总是试图到处寻找学习机会，他会向他的朋友们推荐学习无处不在，只要专注，整个世界都在教他们一些东西。影片中恰好有一个贫穷的孩子向兰彻表达了自己想读书的愿望，但因为贫穷而负担不起，兰彻对他说，“学习不需要钱，它需要您的意志力才能继续前进并在其他地方学习”。他进一步告诉男孩，“贫穷不应该阻碍你的学习，你只需购买学校制服，上学学习，如果他们抓住你，请换掉你的制服并转学……”

有用是学习的旨归。兰彻经常告诉我们不要死记硬背，用心学习，任何你喜欢的东西都很容易学会，将它应用到你的生活中并通过实践来改变你和他人的生活。盐水具有极强的导电性，这是初二物理知识，我们都学过，只有他能学以致用，整治了野蛮学长，一系列突破传统知识定式的思维组合，让我们对兰彻知识迁移的实践行为叹为观止。兴趣是最好的老师，“如果做你喜欢做的事，你可能赚不到很多钱，但你会对你所做的事感到快乐和满足。如果你出于逼迫而去追求一件事并获得了极好的地位和金钱，那么如何处理那些不能给你带来刺激和激情的金钱和地位”，这就是他在电影中说服他的朋友法罕离开工程学并去从事摄影的方式。所以，我们应该放下所有其他的事情，跟随自己的内心，人生不是赛跑，不要盲目追逐别人，要继续自己的步伐。

二、电影点评

“这是你的生活，根据你的激情和爱去生活，我们不能为别人而活，首先要为自己而活。如果你不能正确地为自己服务，你怎么能很好地为别人服务”。我们应该把时间花在我们所热爱和热衷的事情上，我们应该致力于让我们满意的事情。兰彻经常告诉我们，要冒险，因为它会给你一种未知的快感，即使你失败了，也没关系。失败不是真正的问题，但不尝试才是重要的问题。教育的初衷是为了让人明白作为一个人需要对人类社会所尽的责任和义务，而非获取金钱、权力、名利的手段，所以学校不应该成为考试工厂，教师不应该成为教育流水线上的工人，学生更不应该成为千篇一律的机器。“人只有在游戏的时候才能感受自由，在自由的时候才可能全面发展”，这句出自席勒的话完美诠释了兰彻的学习旅程，我们要在自由状态下获得优秀的成绩还是像查尔图那样在填鸭式教育中抛弃个性思想、想象力和创造力呢？教育的春天应是万花争艳，让每个学生都绽放出属于自己的青春之花。

参考文献

[1] 张君莉.《三傻大闹宝莱坞》与教育问题 [J]. 大众文艺，2016（01）：192.
[2] 袁丽峰.《三傻大闹宝莱坞》：高等教育的反思与启示 [J]. 芒种，2015（24）：2.

圣者度人，奏响学生生命的乐章

——电影《生命因你而动听》

《生命因你而动听》又名《霍兰先生的乐章》《春风化雨1996》，影片围绕霍兰先生从教30年的经历展开叙述，情节就好像一部交响乐，时而低沉，时而明亮。故事很简单，呈现手法大多也是平铺直叙。1964年的秋天，心怀远大理想的作曲家格兰·霍兰德（又译为贺伦）为挣钱养家，在一所中学谋到了一份音乐教师的工作。创作一首流芳百世的交响乐是霍兰德先生的梦想，最初他从教只是退而求其次的选择，但没有想到偶然的选择会成为其终生的事业。他在平凡的教育事业上奉献了自己的青春。

一、电影简介

霍兰德到校上课的第一天，音乐基础差的学生们便给他泼了盆冷水。他们居然连大名鼎鼎的古典作曲家巴赫都没有听说过，在弹奏乐器时更是跑调、场面混乱。霍兰德上课提问学生，他们也是无精打采，不积极回答。同时女校长也向他提出善意的批评，这让霍兰德的信心大受打击。在他的工作遇到挫折时，妻子在一旁耐心地劝慰他，他的好友——体育教师梅斯特给他讲述了自己从教的亲身经历，这让霍兰德明白教导学生需要爱和耐心。片中，霍兰德先生在初登讲台时以传统的灌输式教学法为主，一心只顾把经典音乐知识照本宣科地“传授”给学生，课堂上学生感到无趣、昏昏欲睡，因此也无法取得理想的成绩。而后他顺应教学实际，调整了教学方法，立足于学生兴趣，以深受学生喜爱的摇滚乐为抓手，吸引学生的注意。于是就有这样一幕：霍兰德结合古典音乐与时下流行的摇滚乐，在弹奏的过程中让学生猜是谁的作品，原本死气沉沉的课堂开始变得鲜活，学生的神情也发生了变化，眼睛里都放着光。此举拉近了他与学生的距离，也让学生慢慢对古典音乐课产生了兴趣，他自身也获得了幸福感和成就感。

在霍兰德的悉心培育下，原本对音乐一窍不通的白人学生格特鲁德·朗和黑人学生路易斯·鲁斯，分别学会了单簧管和大鼓，这两位学生是“先天不足”的代表。格特鲁德·朗三年以来努力学习单簧管但都未见成效，影片中可以看到女孩自述家里其他成员都有一技之长，自己顶住压力勤学苦练到“嘴唇都吹肿了”也没有进步。霍兰德问她照镜子时最喜欢什么，她说最喜欢头发，因为“父亲说我的头发常常让他想起晚霞”。霍兰德进一步启发她去感受音乐，引导她“吹出夕阳”。女孩放松了心情，终于找到了乐感，和霍兰德欢快地合奏起来。黑人学生路易斯·鲁斯一开始什么乐器都不会，但由于种种原因被“塞进”霍兰德的乐队，霍兰德为他选择了相对较易学的大鼓。可路易斯·鲁斯乐感太差，怎么都找不准节奏，霍兰德想尽办法，甚至让他戴上头盔后在头上敲打帮他找节奏。在他们共同的努力下，在一次演奏中，路易斯·鲁斯终于找准了节奏，鲁斯脸上漾起了笑容，他体验到了成功的喜悦！霍兰德的脸上也洋溢着欣慰的笑容，他充满了身为人师的成就感。

霍兰德渐渐喜欢上教学，就在他醉心于教学时，他的儿子出生了。不久妻子却意外发现孩子听不见声音，去医院检查后遗憾地发现孩子是先天性的失聪患儿。霍兰德作为一个音乐人感到非常痛苦，因为他对音乐无限的热爱，并且也想让自己的后代感受音乐的魅力。自己这么热爱音乐，儿子却什么也听不见，这无疑给霍兰德一记重创，他开始变得消沉、沮丧。怀着苦闷的心情，霍兰德在课堂上向学生们诉说着内心的痛苦，学生们也认真地聆听着，默默地感受、分担他的痛苦。这一幕，师生就像朋友一样，看起来非常暖心、治愈。不久，年轻美丽、极具天赋的女学生罗威娜·摩根出现了，他很欣赏摩根并专门为她写了首《露云娜之歌》，她钦慕他的才华和为人。摩根很快“一唱成名”，并邀请霍兰德一起去纽约发展，霍兰德放不下家庭，拒绝了摩根的感情和更高的发展平台。30 年间，霍兰德致力于教书育人，不但提高了学生们的音乐素养，而且用爱心、耐心和责任心赢得了大家的尊敬。在他退休之际，深怀感激的历届学生们为老师准备了一场盛大的欢送会。时任州长的校友的讲话感动在场所有人：“或许他认为大部分的人生都是虚度，或许他会以为自己很失败，但他错了，我认为他的成功比名成利就更甚。环顾你四周的人吧，这儿没有一人不曾受你影响，全因你，我们成为更好的人！我们是你的交响队，我们是你作品的音符和旋律，我们是你生命的乐章！”最后，霍兰德上台指挥管弦乐队演奏了一支激昂雄壮的《美国交响曲》，他的从教生涯由此终了。

二、电影点评

影片带给我们很多感动和思考。跟霍兰德一样，一些新手老师并不是一开始就热爱教育，更多是在教学中感受到教学的乐趣、成就感和生命的意义后，才慢慢爱上了教育。怎样去教呢？影片中霍兰德从照本宣科地讲古典音乐理论知识到融入学生感兴趣的摇滚乐的“我弹你猜”，给我们展示了教学方法的转变和创新历程。传统照本宣科的教学不易出错，但不容易调动学生的学习兴趣，教师需要根据实际情况灵活变通，在这个过程中，最重要的是了解学生并找到他们的兴趣所在。我们该怎样去教那些“先天不足”的学生呢？在这方面，霍兰德也为我们做了非常好的示范，那就是“手把手地教”。进一步说，就是因材施教、躬亲示范。学生之间是有差异的，每个学生在某方面的学习能力也是不一的，教学中我们要善于发现并引导这些学生走出困局。一般情况下“学困生”们一些是学习能力偏低，一些是心理方面有障碍，教师要具有一双慧眼，要正确判断，再采取教学对策。当然，在这个过程中，教师需要极大的耐心、爱心和责任心。

纵观霍兰德先生的教育生涯，可以看出他具备过硬的专业技能以及爱心、耐心和责任心，这些是一名优秀教师必备的素养。教育部2021年、2022年相继颁布各级教师职业能力标准及义务教育新课程标准，对基础教育和教师能力素质都提出了新的要求。新时代的教师需要终身学习，及时吸收新的教学理念和方法，适时更新教学内容，致力于提高自身职业能力和师德修养，争做“有理想信念、有道德情操、有扎实学识、有仁爱之心”的四有好老师，为发展具有中国特色、世界水平的现代教育贡献力量，努力让学生生命的乐章因好老师的弹奏而更加动听！

参考文献

[1] 冯静．奏响生命的华美乐章——观《生命因你而动听》有感［J］．河北教育（综合版），2019，57（05）：63-64.

[2] 王希学．从《生命因你而动听》看教育人生［J］．教育，2020（13）：96.

教之觉醒，向死而生

——电影《死亡诗社》

《死亡诗社》是由彼得·威尔执导的一部充满深刻教育意义的影片，1989年上映当年就荣获了奥斯卡、金球、英国学院、法国恺撒等多项大奖。尽管已过去近四十年，该影片仍然作为经典被教育界热捧。看到这个名字时大部分人会以为是关于热爱诗歌的剧情，这部电影又名《春风化雨》《暴雨骄阳》，这样相对来说就更直白——教育如同春风化雨，学生就像草木，他们的萌芽与生长受环境的极大影响。该影片讲述的是一名作为威尔顿预备学院的优秀毕业生，一名有思想、非同寻常的文学老师——约翰·基廷（John Keating）重回这所教学严肃的贵族学校，与一群希望突破自我的学生们所发生的一系列故事。这是一部古老的、关于守旧与创新、现实与浪漫两股势力相互较量的影片，这位推崇释放学生天性的基廷老师也被自由主义教育者称为英雄人物。

一、电影简介

影片以新学期开学为时间背景，校长诺伦博士正为学校所创造的辉煌成绩而骄傲，重申着学校一百年来始终坚持的“传统、纪律、荣誉、卓越”四大信条，代表着“传统教育机构的规训权力”。殊不知，这却让威尔顿的大男孩们倍感压抑，同学们也私下里咒骂着这所“美国最好大学预备学院”为“地狱学校”，悄悄篡改了威尔顿四大信条以示嘲笑。但此时他们不知道的是，新来的基廷老师如同一阵春风，与他们心中的渴望相契合，学生在他的引导下渐渐学会思考，勇敢追求自由和心中所爱。但在一次挑战传统的教育变革中，必定是有人要牺牲的，影片最后以一位热爱戏剧的学生尼尔自杀、基廷老师的离开收场。

“死亡诗社”，是基廷老师曾经参加过的一个组织，在他给同学们讲述了诗社的秘密后，在尼尔同学的倡导下，“死亡诗社”的重建得到了其他同学们的纷纷响应。从此，“死亡诗社”的成员们相约来到当年基廷聚会的地方，和着优美的诗句，扭动起节奏强烈的舞蹈，释放着青春生命的激情。

影片中最灵动的一个场景就是“死亡诗社”的社员们第一次前往山洞的那个夜晚。镜头的空灵感更有一种拨开迷雾见月明的期待，穿着黑色风衣的学生们，于迷雾森林中穿行的场景，像是一群游荡于夜色中的精灵，又像是一群奔向自由的天使。“我到森林里要刻意生活，活得深刻并吸取人生的精髓，逐退一切非人生的东西，当我死亡将至时，才不至于懊悔未曾活过”。在山洞中，他们讲故事、演奏音乐、朗诵诗歌，学着大人的样子抽几口烟，青春的肆意扑面而来。一张张手电光里晃动的面孔，呈现出一种诗境的纯真和无邪。在这里可以卸下平时的伪装，和朋友一起感受纯粹的放松和快乐。年轻的死亡诗社成员们，以无畏的灵魂诵读文学史上最伟大的文字，诠释出他们潜意识里对生活的理解，深刻地洞察出文字的潜能及其对个人的影响力。

基廷老师的课堂不以讲授知识为主，而重在对学生观念和思考的引导。他的教学风格客观而理性，不断激发年轻学生们的学习热情，同时又实事求是，让他们克服恐惧与不信任，能够打开思路看到不一样的角度。在生命教育课中，他让同学们在校史展柜中感受死亡，这样与众不同的授课方式在同学们中掀起波澜，他告诉学生“只有理解死亡，才能更深刻地明白生的意义”，其目标是在“学会生存的基础上，引导学生追寻幸福生活”。可这样的课堂却被校长警告：“这儿的课程是固定的并有效检验过的，目的是送他们上大学，其余的，老师就不用管了。”

在被应试教育根深蒂固的影响下，学生们对基廷老师的做法也产生了是否应试的疑问：“老师的行为看起来与众不同，但是这些内容会考吗?”，由此可见，传统教育的改革不是一蹴而就的。他的行为表现出一个优秀老师所应保持的一种客观姿态，他让学生们能够在自我发展的过程中感受教育，把教室的空间限制也延伸到了户外，让学生们有信心和动力去学习，用自己的脚步去丈量，最重要的是懂得如何让学生们自己去发现问题并且学会如何开拓解决问题的路径和思维，最终激发学生们完成自我发展的过程。他带领学生撕掉教科书，并让学生相信，“每个人都应该作为独立的个体得到认可”。他鼓励学生打破固有思维的框架，引导学生和他一起站到桌子上，从一个全新的角度看完全不同的世界，这也正是影片结尾所看到的，所有学生踩在课桌上，犹如一个个崛起的灵魂。

影片最后自杀的尼尔也同样值得我们关注，对于尼尔来说，他自始至终都不敢和父亲平等地、敞开心扉地沟通交流，父亲也一直把他看作自己的“私有物”。在父子共处的镜头里，尼尔得不到尊重，也少有违抗父亲意愿的言语和行为。尼尔心中一直有一个当演员的梦想，但碍于父亲的严厉管教，他从不敢表露心迹。家庭的期望、沉重的负担和无法沟通的无奈，使他成为这个压抑的教育环境下的牺牲品。成绩固然重要，但孩子的身心健康应放首位，发自内心去了解孩子，去尊重孩子，从而树立正确的人生观和价值观，这需要家庭环境的不断熏陶。

二、电影点评

苏霍姆林斯基曾说过：“学校里的学习不是毫无热情地把知识从一个头脑里装进另一个头脑里，而是师生之间每时每刻都在进行的心灵接触。”从心底接纳每位学生，成为每位学生共情的倾听者，基廷老师用非同一般的教育方式引导学生，用诗歌的热血唤醒灵魂。这是一场少有人敢于勇往直前的教育改革，虽然并非全是坦途，但它一定是通往光明的。尼尔的悲剧也表现了其内在的唤醒与现实的矛盾形成了强烈冲突后，无人帮助他去调节和适应。作为教育者，这警示着我们关注对学生自我意识觉醒后与现实之间冲突的处理，帮助他们找到理想与现实的平衡点。因此，“死亡诗社”，顾名思义是“向死而生”，暗指生命犹如无尽的诗歌，充满变化，包含欢乐与忧伤，并藏着无尽的力量。“忘记了课堂上所学的一切，剩下的才是教育”。教育是尊重、是唤醒、是点燃，是保留思考的空间，无论是父母还是教师，我们都应该培养会“自主思考”的孩子，而非教育的“产品”。

参考文献

[1] 吴佳静.《死亡诗社》中的个人主义对我国教育的启示［J］. 文学教育，2021（08）：134-136.

[2] 李娜. 论电影《死亡诗社》中教育的生命性［J］. 研究争鸣，2019（7）：27-29.

[3] 张俊，侯芳. 从《死亡诗社》看美国文化中的个人主义［J］. 武汉冶金管理干部学院学报，2014（01）：78-80.

[4] 沈辉. 作为倾听者的教师——从电影《死亡诗社》谈启蒙的脆弱及可能［J］. 中国教师，2019（12）：99-101.

听从你心，无问西东

——电影《无问西东》

《无问西东》于2018年1月在中国内地上映，讲述了几位身处不同时代的清华学子满怀报国热情不懈努力追求梦想最终找到真实自我的故事。2018年12月该影片获得金莲花奖“评委会大奖”。

一、电影简介

《无问西东》中穿插了四个不同时代背景下的故事，四条叙事线连贯在一起，让整部影片充满热血和温情。四代人，四个故事，穿越了一个世纪，交相呼应。从清华学堂，到西南联合大学，再到清华大学，高等学府孕育了一代又一代时代之光、希望之光，那些伟大的名字交织在一起，便是一部浓缩的中国近代史。

第一个故事发生在现代，主人公张果果在一场充满利益纷争的职场斗争和救助四胞胎家庭中陷入两难的处境，最终他选择遵从内心的善而作出选择的故事。张果果刚开始选择帮助四胞胎是因为公司需要，而后他被上司算计离职后，在公司放弃救助四胞胎时他选择了继续提供帮助。在这个过程中，他的同事说起自己之前帮助的孩子会不断带来麻烦，听了同事的经历，张果果的心开始摇摆了。而清明节扫墓时父亲对他讲的故事及意味深长的话，让他坚守了自己的初心。

第二个故事发生在20世纪60年代，是由章子怡饰演的王敏佳、黄晓明饰演的陈鹏、铁政饰演的李想三个人之间发生的故事。李想和陈鹏都喜欢王敏佳，当陈鹏在看到李想拿王敏佳的手练习针灸时，选择了默默退出，他毫不犹豫地接受了校长的推荐去研究核弹。但王敏佳因为“一封信”出事的时候，李想为保全自己的前途选择沉默。王敏佳被批斗，并在“师娘”煽动的民愤中被打得奄奄一息。陈鹏悲痛万分，在大雨中抱起她走向树林准备将其安葬，不料雨水淋在她的脸上，她竟醒了过来。王敏佳被陈鹏安置在自己的老家，陈鹏奔赴西北报效国家，而李想最终在支边过程中去世。在爱情与前途面前，很多人会迷茫，陈鹏用赤子之心告诉我们要爱自己热爱的事物，听从内心的呼唤。

第三个故事发生在20世纪30年代末，讲述西南联合大学云南办学期间的往事。1937年，日军占领北平，清华大学师生先赴长沙，再到昆明，与北京大学和南开大学在昆明城北的荒地上共同建立西南联合大学。主人公沈光耀是个富家子弟，从小接受良好的教育，胸怀、涵养和见识不同于常人。当他看到日军不断地轰炸我们的国土、祖国受到欺凌时，心里很是悲愤，从而燃起了报效祖国之情。沈光耀母亲因他在信中评论时政，便看出了他想要参军的心意，劝诫他不要去为了功名利禄而奉献一生。从沈母与沈光耀的对话中得知，沈家三代出过五位将军，受先辈们的深远影响，沈光耀骨子里带着家族的荣耀与报效祖国的决心。飞行员部队招军时长官说的一句“这个世界上不缺完美的人，缺的是从心底给出的真心、正义、无畏与同情”打动了他，让他坚定了当飞行员的决心。最后，在与敌人的激战中，沈光耀选择冲向敌军的战舰……他的选择是从心里给出美好事物。

第四个故事讲述了20世纪20年代，陈楚生饰演的吴岭澜在清华大学求学期间受泰戈尔等人的引领，投身学生运动，并影响代代学子（包括沈光耀）的故事。第一次世界大战刚刚结束，国家正处于危难中，在这样的背景下，故事的主人公吴岭澜和众多学子们一样认为学习“实科”才能更好地为国家效力，选择“实科”才有前途。吴岭澜文学天赋极高，国文和英语都是第一，但是物理化学成绩平平。在接到学校的建议转科的通知时，吴岭澜的内心是矛盾的。他深知自己具备较强的文学功底，同时也热爱文学，但他又随大流地认为最好的学生都是读实科，“这个年纪就应该读书学习，每天把自己埋于课本中，何用管他读什么书”。梅贻琦老师给他解释了何为“真实”，深深触动了他。在听过泰戈尔演讲过后，吴岭澜坚定地听从了内心，选择了文科。吴岭澜的故事告诉我们，要尊重自己内心的选择，听从尊重内心的声音，才能够活得真实、活出真实。

《无问西东》整部电影都充溢着真善美之光，通过四个交相辉映的故事，为我们呈现了一个关于真实、信仰、奉献、担当的故事，向观众传递的是一种正面的、积极的能量。和当下青春主题电影一味地怀旧、感伤不同，《无问西东》里的主人公们虽然也遭遇着艰难的处境，但最终都积极投身到生活中去。四个故事的主人公在不同的社会文化背景中各自都面临着艰难的抉择，最后他们做出的抉择就是听从内心，勇敢担当起自己的责任。这对于当下被生活、学业、工作等压得快喘不过气来的年轻一代来说，无疑是一股强有力的精神暖流。尤其电影最后，当银幕上出现那些如雷贯耳的名字，全场都为之振奋！那些人都是新中国建设的杰出功臣！他们都是出身清华的大家们，有教育家、导弹专家、数学家、文学家、地质学家、建筑大师、国学大师、诗人们等，这些大家才是我们的国家之光，这些大家才是最值得我们青年一代敬仰、崇拜的人物！

二、电影点评

《无问西东》这部电影包含不同时空的四个故事，讲述了四代清华学子的人生故事。四位不同时代的主角虽然拥有不同的青春，但却有着共同的担当，他们之间的命运相互关联，最终形成强烈的情感交织。片中清华学子们让人感受到了知识分子上下求索的精神与人文气质。这部描述青年学子题材的影片中也出现了多位老师的身影，给观众留下了深刻的印象。梅贻琦老师劝诫吴岭澜作出理性的选择，引导他思索求学的目的，为他解释了何为真实并引导他追求“真实”。影片中“室外大雨，室内小雨，暂停授课，静坐听雨”的场景便是对当时办学条件的真实写照。虽然条件艰苦，老师们依然全身心修身治学研究，坚持传道授业解惑。西南联大的教师们用自己的言行为学生树立了良好的榜样。师生们不畏环境恶劣，自立自强、艰苦奋斗，这也是西南联大在战火纷飞的年代仍能培养出诸多优秀学子的原因。

我们所成长的时代国家繁荣昌盛，人民安居乐业。在这样良好的环境下，一些青少年没有危机感，思想上堕落懈怠，生活上好逸恶劳，学习上不思进取，缺乏信仰和本真的价值追求。影片中泰戈尔在清华大学发表演讲时提到“不要忘记你们的真心和真性”。教育为天地立心，为生民立命，为往圣继绝学，为万世开太平。教师肩负着教书育人的神圣使命，教育工作者在面对现实利益诱惑时应时常回想从教的初心，坚守珍贵的初心。“爱你所爱，行你所行，听从你心，无问西东！”

参考文献

[1]《无问西东》足以引发深思的一部电影［EB/OL］.（2018-01-14）［2023-08-06］. https://movie.douban.com/review/9069159/.

[2] 高婷雅，陈立人．青春走在90后的大路上——兼论青春电影转型之作《无问西东》［J］. 电影学，2019（03）：104-106.

心灵教育，唤醒沉睡的灵魂

——电影《心灵捕手》

阿德勒曾说："幸福的人用童年治愈一生，不幸的人用一生治愈童年"。

《心灵捕手》是20世纪90年代充满深刻教育意义的一部励志题材影片。影片中没有过多惊心动魄的情节，而是用一种娓娓道来的叙事方式记录了一名聪慧、顽强又性情偏狂的少年走出心理阴霾、重获新生的历程。这种循循善诱的心灵教育方式与传统的说教式、规劝式、填鸭式教学形成强烈反差，旨在提醒观众关注我们潜意识里所感受到的压力。影片中所表现的百般矛盾，暗示着每个人心中潜藏着无数的心灵独白，只有当这些独白被看见时才能驱使灵魂变得更加完整丰满。

一、电影简介

故事围绕着"问题少年"威尔展开，讲述了一个心理学教授拯救天才少年并获得自救的故事。威尔是个孤儿，童年在虐待中度过，他无比聪明却从没机会念书。他博览群书，过目不忘，是个数学天才，这样的天才却整日游荡在街区，喝酒斗殴打架滋事，屡次被送进少年观护所。贫寒的出身以及幼年遭遇让他形成自我封闭的性情，自己的生活也是一团糟。威尔习惯用自负去掩盖自己内心的脆弱，他用"不接受"的方式去对抗"不失去"，抗拒他人的接近，拒绝袒露自己内心真实的想法，把自己的心封闭起来，但这并非表明他天生冷漠，"躲避和不信任，是因为曾经被应该爱我的人遗弃"是他对自己的表达。

一位在哈佛大学的教室门外打扫卫生的清洁工威尔轻而易举地解出了教授研究了两年的数学难题。在数学教授兰波看来，他拥有着惊人的数学天赋，兰波并且认为威尔不应该被糟糕的生活所消耗，因此在威尔因一次袭警遭到起诉时，他以威尔必须协助他研究高端数学并每周接受一次心理治疗为条件保释了他。威尔轻而易举就做到了研究数学的工作，但心理治疗却不尽如人意。前后更换了五位心理医生，无奈之下，兰波只好找到自己的朋友尚恩。尚恩采用“积极心理学”方法，经过几次别开生面的谈话后，他突破了威尔的心理屏障，最终让威尔敞开心扉。

一开始兰波认为“威尔只是没有方向，我们该给他”，他需要全身心地投入数学研究这个领域，尽可能地利用他的天赋和努力去创造更多的荣誉和成就，用自己的能力去解决一个又一个难题。尚恩却提出了不同的意见，在他看来，“人生不应该只是这些名利，一个人的未来在哪里，需要听从自己的内心的选择”。两人的争辩引发了对教育本质的思考，每个人都是有自我意识的主体，我们不能把学生当作被接受的对象。拿破仑·希尔曾说：“一切的成就，一切的财富，都是始于自我认知。”因此，激发学生的自我觉醒和自我认知才是教育的本质，从人性出发，以人为本，尊重每个个体的想法，从内心出发，帮助学生重新认识自我，了解自我。

尊重和平等是教育的基本原则，在影片中，尚恩与威尔的谈话一共有七次，从这七次谈话当中，我们不仅可以感受到尚恩对威尔的关怀和包容，还能发现他对待威尔的态度是充满耐心的、真诚的以及自由的。温柔而坚定的话语犹如擂动战鼓的鼓槌，裸露在外的无助和痛苦正是一个人最真实的一面，在最后一次的辅导中，“这不是你的错!”整整重复了十遍，这样简单的一句话，一次又一次敲击着威尔看似坚强，实则脆弱的伪装面具。也正是尚恩引导威尔正视童年伤害，正视过往，接受已经发生的事实，让威尔由无所谓到认真对待，从恼怒到痛哭流涕，再到与尚恩紧紧拥抱。

在这部电影里，尚恩是一个“积极心理学”的传道者，以共情的方式开启威尔陷于自我保护的心门，使其重拾对生活的热忱与真挚，因此教育者必须用先进的理论、扎实的学识和高超的素养武装自己。前五个心理医生之所以败下阵来，除了个个私德有亏，业务不精也是主要原因，他们的自我定位都是一种高高在上的拯救者，那种隔离、冷漠和居高俯视的虚伪态度令人反感。所以，心理医生首先要对“患者”开放自我的心灵才能与他们产生共鸣和通感，才能获得对方的信任，从而产生一种良性的互动。影片中让人印象最深刻的是一位医生借助怀表催眠威尔，差点被威尔催眠了。反观尚恩教授为什么最终成功，是因为他一开始就坚信“取得信任是突破心防的关键”，而且将这个信念坚持到底。信念相当于武侠小说里的“内功”，催眠等手段只不过是“外功”，教育同样如此。

二、电影点评

美国心理学家斯考特·派克（Scott Peck）曾说过：“我们每个人都是根据童年时的经历，形成了一张心灵地图，并靠着这张地图活在这个世界上，除非，我们遇到了某些人。”尚恩将理解和尊重作为教育的前提，也让教育成为可能。当一个人愿意正视过往，接受已经发生的事实，他的自我重铸就会开始，同时，我们也可以看见每个人都有权拒绝被社会依赖和影响，怀抱属于自己的真实感受和生活方式，才能实现真正的自我。

片中有这样一句话：“很多人都无从得知自己的天赋，因为找不到相信他们的老师，于是就认为自己很笨。”捕手是棒球中的一个位置，由英文的 catcher 而来，至今有很多引申含义，大意为能抓住某种东西的人。“心灵捕手”很形象，也很生动，按说我们教师应该是学生“心灵捕手”，应该走近学生、了解学生、关爱学生。同样也应用赏识的目光看待所教的学生，赏识就是一种期待，而期待是我们给成长中的学生最好的礼物，学生们会从这种期待中觉察到：自己得到了一份特别的爱和关注。教育的过程和心理治疗非常相似，在孩子们呈现给教师的表象行为里，到底蕴藏着哪些事实真相？跟孩子一起发现这个真相的过程，就是对一个孩子最好的教育，同样这个过程也是对教育者最好的滋养。

参考文献

[1] 杨莉.《心灵捕手》中的西方震撼式心灵教育进阶研究［J］. 电影评介，2017（15）：47-49.

[2] 夏晓鸥. 在生命最深处与人相遇——再观影片《心灵捕手》有感［J］. 中小学心理健康教育，2014（4）：54-55.

[3] 贺平，田耕毓. 从电影《心灵捕手》看教师引导方式对学生的影响［J］. 新西部（理论版），2016（9）：139，137.

[4] 赵轩. 当心灵被爱触摸的那一刻——经典电影《心灵捕手》的教育解读［J］. 江苏教育，2009（7）：90-92.

[5] 李政涛. 倾听着的教育——论教师对学生的倾听［J］. 教育科学，2001（4）：46-50.

信念的坚守，责任的追寻

——电影《一个都不能少》

《一个都不能少》是根据施祥生小说《天上有个太阳》改编的一部剧情片，由导演张艺谋拍摄。这部像纪录片的电影，主题关乎农村、贫穷及教育等，该片采用了非专业演员并保留了演员本身的名字。该片播出后引发观看热潮，并获得十项国际电影奖项。

一、电影简介

影片首先映入眼帘的是大西北满满的黄沙尘土，光秃秃的山，破烂的学校。剧情很简单，一名乡村教师（高老师）因母亲病重，需要回家照顾一段时间，为了不耽误孩子们上课，需要请个代课老师。眼下没有合适的人接手高老师的工作，村主任无奈，找来一个叫魏敏芝的女孩，让她接替高老师的工作。高老师不放心，用“唱歌”和“抄课文”的方式考察魏敏芝的“功底”，结果发现魏敏芝并不能胜任教师工作，不同意她接替自己。村主任着急地说：“反正她能看住学生，先替你‘糊弄’一个月再说。”由于当时农村孩子的辍学率比较高，高老师很不放心，于是定下这样的规矩：代课一个月给 50 元钱的报酬，但前提条件是班里仅剩的 28 名学生一个都不能少。他在离开之前再三叮嘱魏敏芝，可以不教孩子们新知识，但一定不能让孩子们辍学，他对魏敏芝唯一的要求是等到他回来的时候，学生们“一个都不能少”。

魏敏芝就这样开始了代课生涯，初登讲台的她在这群学生的心目中没有什么权威，她根本管不住孩子们。但是她非常负责，按照高老师的要求，每天抄一篇课文在黑板上，要求学生们抄写、学习，下午看到“太阳晒到墙上那颗钉子时”才放学。她每天清点人数，谁要把学生弄走，她就跟谁急。学生见她人小又不会上课，不听她的，有的故意跟她捣乱，弄得教室里乱哄哄的。还有学生在打闹中踩坏了粉笔，要知道粉笔在当时是稀缺之物，调皮捣乱的学生根本就不怕魏敏芝。为了管制调皮的孩子早退，她甚至每天都守在教室的门口，不到时间不让走。当村主任带着市里招体育特长生的老师来到小学要带走一名女生时，魏敏芝却把这名女生藏了起来，不让带走。在村主任的一再追问下，张慧科告知了女生的藏匿地点。迎着飞扬的黄土，魏敏芝在车后面追出了很远……尽管她很努力地想留住每一位学生，但三年级学生张慧科还是辍学了。张慧科的母亲抱病在床，为了挣钱补贴家用，他进城打工去了。魏敏芝决定去城里找回张慧科，为了凑齐去城里的车费，她带领全班同学去搬砖，奈何累了一天也没挣够，娃娃们嫌太累都不愿再去搬砖了。13 岁的魏敏芝，只身一人踏上了进城之路。为了把自己的学生找回来，魏敏芝找车站广播站播放寻人启事，买纸笔写寻人启事，最后找到电视台帮忙……

魏敏芝寻找张慧科的过程中充满曲折和艰辛，电影中进行了细致的刻画。她一路上忍饥挨饿，夜宿街头，没带证件被工作人员劝退等。有几个细节可谓感人至深：魏敏芝守在电视台大门口，拦住每一位进出的“戴眼镜的男士”，询问其是不是台长，在车水马龙的路边，那个瘦弱而倔强的身影显得特别心酸；夜深时分，魏敏芝疲惫无力，靠在路边的墙角睡着了，手边一摞寻人启事随风飘散到马路上。第二天早晨，寻人启事被清洁工当作垃圾清扫了，魏敏芝被清洁工叫醒后又继续去电视台门口等台长。魏敏芝非常执着，而且此时她非常无助，似乎也没有其他更好的办法了。在电视台门口守了一天一夜，终于，台长注意到她了，并为她录了一期节目。未上过电视的魏敏芝在和主持人对话中显得拘谨、胆小、不知所措，当主持人让她把镜头当作张慧科，那一时间魏敏芝泪流满面地对着镜头说：“张慧科，你在哪儿，我都急死了”……

《一个都不能少》于 1999 年上映，带给观众很多震撼。它呈现的画面让人觉得不可思议，怎么会有这样破旧不堪的教室和黑板呢？怎么还会有“粉笔奇缺”、没有放学铃声的学校呢？在三元钱一瓶可乐的时代，一元钱一盒的粉笔却特别珍贵；教室的内间是寝室，老师和住校生挤睡在一起……种种事实让人感到悲凉、心酸。电影用“流着血”的画面，呈现了贫困山区的教育现状。故事里有一个“学生在就是希望”的隐喻，小小的魏敏芝并不知道，她恪守着对高老师“一个都不能少”的誓言，实是对乡村教育希望的一种坚持。影片离不开现实，它所呈现的乡村教育遇到的诸如学生流失、师资流失、资源匮乏等困境在当时的边远山区是存在的。尤其是学生辍学的问题是非常严重的，一方面是家庭贫困需要劳动力出去赚钱，另一方面是人们没有意识到读书的重要性。该电影以“一个都不能少”为名，主题突出，表达和褒扬了魏敏芝用稚嫩的身躯扛起“一个都不能少”的教师责任。

二、电影点评

影片中魏敏芝坚守对高老师“一个都不能少”的誓言，为留住被带走的体育生，她去追车，想要找回去城里打工的张慧科，她独自步行进城、流落街头，吃尽了苦头。她追求的不仅仅是一个学生，更是一个教师的责任、信念和良心。虽然自己只是一名临时代课教师，只会抄课文、教简单的歌曲及蹩脚的舞蹈，但她内心深处已然把自己当成了一名真正的教师并尽力履行着教师的职责。对于影片中的魏敏芝来说，她的职责是要求学生抄课文、不早退，总之一个学生都不能少。魏敏芝拼尽全力，坚守了一名教师的职责。

教育是促进社会进步的不竭动力和精神源泉。教师是建设社会主义现代化强国的重要力量，是落实立德树人根本任务、培养德智体美劳全面发展的社会主义建设者和接班人的关键。新时代教师的职责是什么？《新时代中小学教师职业行为十项准则》中提出了坚定政治方向、自觉爱国守法、传播优秀文化、潜心教书育人、关心爱护学生、加强安全防范、坚持言行雅正、秉持公平诚信、坚守廉洁自律、规范从教行为十条教师行为准则。这既是党和国家对教师的期许，也是人民对教师的期望，同时也是新时代教育形势下教师队伍建设的必然要求。新时代的教师要像魏敏芝一样有坚定的信念、有不屈的精神，要树立并追寻职业理想，一腔热忱为教育，初心不改、使命不怠！

参考文献

刘天天．爱与责任同在——电影《一个都不能少》观后感［J］．山东教育，2019（Z2）：125.

初心不改，守望心灵的净土

——电影《云上学堂》

一、电影简介

《云上学堂》又名《天梯》，电影中艺术地还原了乡村教师李桂林、陆建芬夫妇的真实事迹。作为2008年度“感动中国”人物之一，这对“悬崖夫妻”和那所来之不易的“云上学堂”的真实故事感动了整个中国。四川省甘洛县乌史大桥乡二坪村，是凉山北部峡谷绝壁上的彝寨，村民上下绝壁都要攀爬5架木制的云梯，进出极艰难、环境非常恶劣，村民一年都难得下绝壁一次。那里条件艰苦，吃水都困难，村民管家里下蛋的鸡叫作“娃”，那是他们生活的依靠。由于二坪村偏僻和落后，没有一个老师愿意去教书。绝大部分村民都是文盲，那里的村民因为不识字（分不清“男”“女”）竟然憋着不上厕所。代课老师李玉林（剧中男主角）为了许诺丈母娘的“正式教师”的头衔，决定去一个落后的村庄——二坪村教书，故事由此开始。

李玉林来到二坪村，走到木天梯前时被震惊到了：几根木制的梯子，垂直地贴着绝壁向上延伸，带路人身姿矫健地爬上梯子，而李玉林抬头望见高高的梯子、低头凝视脚下的深渊，吓得冒汗，不由得颤抖起来，同行人用绳子绑住他的上身往上拽，下面还有一人把他往上推，费尽力气终于达到顶端。一座破旧的“学校”映入眼帘：那是一所已经停课十多年的山村小学，没有课桌，没有窗户，满是破败景象。实在想象不出这是一所学校，映入眼帘的只有破败、衰落，没有一点儿生机。但李玉林在支教中慢慢被二坪村那些可爱的学生、朴实的村民深深打动了。有一个叫木留方的学生，母亲病逝，父亲因犯罪入狱，生活艰难，过得如同一个孤儿。李玉林老师和木留方同住，他非常同情和关爱木留方，他知道木留方渴望一个温暖的家。由于木留方家庭的特殊情况，有些孩子排斥他，不愿意和他一起上课，一日木留方没来上课，李老师和全村人打着火把才找到他。在李老师的教育下，全班同学不再戴着有色眼镜看人，都接纳了木留方。

一年很快就过去了。二坪村原本荒废的学校变得充满朝气，李玉林成了全村人敬佩和感激的大恩人。一年期满该离开了，他已然不愿离去，他舍不得离开那些孩子们。李玉林将自己要继续支教的决定告知家人时遭到了父母的反对，会汉语、彝语的妻子决定支持丈夫，最后李玉林夫妇带着小儿子踏上了归校之路。在李玉林的鼓励下，妻子陆清芬战战兢兢爬上了“天梯”，当她来到丈夫住的地方，家徒四壁、凄清不堪的场景映入眼帘，她才明白丈夫一直过得非常艰辛，那一刻她再也抑制不住泪水……

就这样，陆清芬加入了丈夫的教学团队。陆清芬每天除了上课、改作业还要洗衣、做饭、带孩子，生活过得艰苦而充实。影片多次呈现她背着孩子教学的场景，教室里回荡着孩子们朗朗的读书声……有一天陆清芬正在上课，突然窗户边的学生提醒她有只羊进屋了，想到床上睡觉的小儿子，陆清芬迅速跑进屋赶走羊，惊魂未定地抱起小儿子安抚。陆清芬感觉愧对儿子，那一瞬间委屈、愤恨交加，她一时间决定带着儿子回家。陆清芬背着儿子往山下走，走到半山时已劳累不堪、饥渴交加，在路过一户人家时准备讨口水喝，没承想走出来的小女孩竟是二坪小学的学生。当陆清芬问起她为何不去附近的小学而是去二坪小学读书，她说她生了病很快要死了，附近的学校劝她不要读了省点钱，可她想念书、识字，“即使是死了，别人也会说这姑娘是识好多字的”。陆清芬此时恍然大悟：山里的孩子渴望受教育、二坪又是多么需要老师啊！于是陆清芬踏上了回校之途，当她爬过天梯，发现丈夫在上面等着她……就这样，他们在二坪村扎根下来。这对执着的夫妻，毅然放弃了城镇待遇选择了那里，这一待就是19年！19年的付出与坚守，他们把知识的种子播在了彝寨，为村民架起了走出大山的“云梯”。一个人短时间的坚守或许不难，可在困境中坚守19年又有几人能够做到？这对夫妻教师做到了！白天上课，晚上油灯下批改作业。他们用自己微薄的收入，改建教室、校园、购买国旗，让鲜艳的五星红旗第一次在山寨上空飘扬。

影片让人内心久久不能平静。两位普通得不能再普通、平凡得不能再平凡的山村教师，像蜡烛一般燃烧自己，温暖了孩子们，也照亮了偏远山区。影片中有这样的一幕，李玉林从村里要到了旗杆，去店里买了面五星红旗，艰难地把旗杆扛回了学校。沉寂的乡村小学在风琴弹奏的国歌声中升起了五星红旗，那一刻，庄严、肃穆，整个学校仿佛都充满了生机，让人热血沸腾。这时，回荡的不仅仅是国歌，而是山村教师的理想之歌，也是彝寨教育的生命之歌！“好大一棵树，任你狂风呼，绿荫中留下多少故事，有乐也有苦。好大一棵树，绿色的祝福，你的胸怀在蓝天，深情藏沃土。”乡村教师就是那一棵棵参天大树，在恶劣的环境中播下希望的种子，用瘦弱的肩膀为山巅的孩子们架起一座通往美好未来的天梯，以无私之大爱，给孩子们的成长撑起一片蔚蓝的天！

二、电影点评

《云上学堂》还原了一对普通的山村教师李桂林、陆建芬夫妇的真实事迹，电影中几乎看不到生死攸关的英雄壮举，但两个平凡人的普通生活深深地打动了人们。百年大计，教育为本，教育大计，教师为本。以他们为代表的乡村教师克难历艰、无私奉献，为乡村带去希望！他们多年如一日坚守心灵的那一方净土，体现了至真至纯的教育初心和育人使命！

乡村教育发展和乡村振兴离不开乡村教师，乡村需要李桂林、陆建芬夫妇那样守得住清贫、坚守初心、扎根乡村的教育工作者。作为2008年度“感动中国”人物之一，他们的颁奖词中这样写道：“他们在最崎岖的山路上点燃知识的火把，在最寂寞的悬崖边拉起孩子们求学的小手，19年的清贫、坚守和操劳，沉淀为精神的沃土，让希望发芽。”像他们一样，千千万万的乡村教师将自己的知识和青春融入祖国的教育事业中，在平凡的岗位上做出不平凡的事业。对于教师来说，教书育人是天职，在困境面前能坚守初心、守望心灵中的一方净土才是教育工作者的人生旨归。

参考文献

朱圆.《云上学堂》：守望精神的家园［J］. 电影文学，2009（21）：6.